futuribles

Septembre-octobre 2024 • numéro 462

Ce numéro comporte un encart d'autopromotion jeté sous la couverture.

ABONNEMENT COMMANDE

Futuribles abonnements • 47, rue de Babylone - 75007 Paris - France
E-mail : diffusion@futuribles.com • Tél. : + 33 (0)1 53 63 37 70
Site Internet : https://boutique.futuribles.com

Je m'abonne à l'édition imprimée de la revue *Futuribles*
Édition numérique avec archives depuis 1975 offerte

	1 an - 6 numéros	2 ans - 12 numéros
Abonnement *1 utilisateur*	❑ 122 €	❑ 211 €
Abonnement professionnel *2 à 2 500 utilisateurs**	❑ 297 €	❑ 514 €
Enseignant, étudiant *Sur justificatif*	❑ 61 €	

Je m'abonne à l'édition numérique + archives de la revue *Futuribles*

	1 an - 6 numéros	2 ans - 12 numéros
Abonnement *1 utilisateur*	❑ 115 €	❑ 199 €
Abonnement professionnel *2 à 2 500 utilisateurs**	❑ 239 €	❑ 414 €
Enseignant, étudiant *Sur justificatif*	❑ 58 €	

Je commande les numéros suivants de la revue *Futuribles*

❑ n° 459 ❑ n° 460 ❑ n° 461 ❑ autre(s) ______

22 € le numéro, tout pays, port inclus

Voici mes coordonnées

Nom - Prénom

Société

N° de TVA

Adresse

Code postal

Ville

Pays

Tél.

E-mail (indispensable pour l'édition numérique)

Je règle ______ € par

❑ Visa ❑ American Express

N° ______

Expire fin ⌊_|_|_|_⌋

Cryptogramme ______

❑ Virement CIC Paris Bac, France
IBAN : FR76-3006-6100-4100-0105-7380-116
BIC : CMCIFRPP

❑ Chèque à l'ordre de Futuribles

❑ Sur facture

Date : Signature

Les données personnelles que vous renseignez, nécessaires pour traiter votre demande, sont destinées à des fins d'exploitation interne ou externe, ou de promotion des activités de Futuribles. Conformément à la loi du 6 janvier 1978, vous disposez d'un droit d'accès, de rectification et de radiation des données fournies à Futuribles - 47 rue de Babylone - Paris - France.

Sauf refus de votre part, ces informations pourront être utilisées par des tiers.

*Au-delà, sur devis. Connexion avec une adresse IP au-delà de 10 utilisateurs.

Tarifs pour tout pays jusqu'au 31/12/2025, TVA 2,1 % incluse.

Kamala Harris *vs* Donald Trump

L'éditorial d'Hugues de Jouvenel

Nous savions que 2024 serait une année électorale record, plus de quatre milliards de personnes étant appelées aux urnes pour des élections nationales, sans compter alors l'élection présidentielle en Iran entraînée par le décès accidentel de Ebrahim Raïssi ni les législatives organisées en France suite à la dissolution surprenante de l'Assemblée nationale. Et nous attendons encore l'élection présidentielle aux États-Unis, début novembre, pour savoir qui, de Kamala Harris ou Donald Trump, succédera à Joe Biden. Mais nous savons déjà que celle-ci interviendra dans un contexte géopolitique mondial profondément troublé en raison de la guerre en Ukraine, du conflit au Proche-Orient, des tensions sino-américaines, de la recomposition des alliances entre pays, du déclin de la *Pax Americana*, voire de l'irruption du Sud global — ces éléments révélant l'impuissance des institutions internationales à régler les conflits et à promouvoir une coopération indispensable pour relever les défis planétaires.

Dans un tel contexte, il est évident que la présidentielle aux États-Unis sera déterminante, comme le montre l'article de Laurent Cohen-Tanugi sur la politique étrangère des deux candidats. D'un côté, Kamala Harris, soudainement chargée de défendre la cause démocrate, inscrirait sans doute sa politique dans la continuité de celle Joe Biden, restant donc fidèle aux relations transatlantiques et à l'Ukraine, ainsi qu'à Israël tout en militant plus énergiquement en faveur d'un règlement du conflit avec la Palestine, et en restant vigilante sur l'Asie et la Chine. De l'autre côté, Donald Trump, malgré son caractère imprévisible et l'incohérence de ses propos, abandonnerait l'Europe, l'Alliance atlantique et l'Ukraine au profit d'un rapprochement avec Vladimir Poutine et, en soutenant Israël sans réserve, compromettrait plus encore les espoirs de paix ; il renforcerait en revanche les moyens américains face aux tensions en Asie.

Parmi les facteurs de nature à influencer le résultat de cette élection figure évidemment l'évolution démographique des États-Unis, présentée ici par William H. Frey, sur la base de projections à l'horizon 2100 qui révèlent le rôle déterminant de l'immigration et de la diversification ethnique. Mais la situation et les perspectives économiques sont également importantes, et Antoine Bouët, après avoir rappelé les mesures adoptées par l'administration américaine pour soutenir son économie, en dresse un bilan mitigé, tout en soulignant les risques d'un regain protectionniste « trumpiste ». Rappelons toutefois qu'aux États-Unis (comme d'ailleurs, dans une moindre mesure dans l'Union européenne), la Chine est perçue comme une menace majeure mais que, si elle a connu un essor économique très rapide, celui-ci est désormais plus ralenti, la population d'âge actif diminue, la productivité y est nettement moins forte et les capacités d'innovation plus faibles en comparaison de son rival. Les performances économiques américaines sont donc encore bien supérieures à celles de la Chine ou de l'Union européenne.

Antoine Le Bec nous alerte, pour sa part, sur le *leadership* chinois en matière de véhicules électriques et l'offensive des constructeurs chinois à l'assaut du marché automobile mondial. Une nouvelle encourageante pour le *Green Deal*, mais inquiétante, en revanche, pour l'économie européenne (l'industrie automobile représente 12 millions d'emplois et 7 % du produit intérieur brut de l'Union). Il explique en conséquence comment la Commission européenne, accusant Pékin de pratiques commerciales déloyales, a adopté, à l'instar des États-Unis, des tarifs douaniers pour se prémunir contre une concurrence excessive. Réponse quasi immédiate de la Chine, qui voit dans cette mesure un obstacle au commerce portant préjudice à son industrie : elle déclenche à son tour des enquêtes *antidumping* sur les marchés du cognac et de la viande de porc et, après avoir implanté une usine automobile en Hongrie, en installe une autre en Turquie, un épisode bien symptomatique !

Pour prendre un peu de recul vis-à-vis de l'actualité, il faut lire le passionnant article de Pierre Papon qui, dans notre rubrique Futurs d'antan, montre combien Sadi Carnot (1796-1832) et Joseph Fourier (1768-1830) ont joué un rôle précurseur vis-à-vis de développements (machine à vapeur, moteur thermique) qui allaient être déterminants dans l'essor de la révolution industrielle et l'un de ses corollaires, l'effet de serre. Qui parmi les scientifiques d'aujourd'hui pourrait bénéficier d'un tel hommage dans 200 ans ?

Sans doute faut-il aller les chercher dans les écoles, en espérant que les conditions des élèves (et celles des enseignants) soient propices au développement des étudiants en fonction de leurs facultés et prédispositions différentes. À ce propos, Fabien Truong, à la veille de la rentrée scolaire, nous dit qu'« il faudrait que l'éducation soit reconnue [en France] comme une priorité nationale ».

États-Unis : quelle politique étrangère après la présidentielle 2024 ?

Par Laurent Cohen-Tanugi [1]

Au moment où nous bouclons ce numéro, le président des États-Unis Joe Biden vient de laisser la place à sa vice-présidente, Kamala Harris, dans le camp démocrate, pour affronter l'ex-président candidat Donald Trump lors de l'élection présidentielle du 5 novembre 2024. L'objectif est, bien évidemment, de se donner un maximum de chances de ne pas voir ce président populiste revenir à la tête d'un État dont il a bafoué les institutions il y a quatre ans. Sans préjuger de l'issue de ce scrutin, que peut-on dire de la politique étrangère que pourraient mener les États-Unis après cette élection ?

Laurent Cohen-Tanugi, avocat aux barreaux de Paris et New York, et analyste avisé des institutions des deux rives de l'Atlantique, expose — non sans rappeler les incertitudes actuelles — ce qui oppose les deux candidats en matière de politique étrangère, dans un contexte géopolitique particulièrement troublé (guerre en Ukraine, conflit au Proche-Orient, tensions avec la Chine). S'appuyant notamment sur les positions de leurs conseillers respectifs et sur l'animosité de Donald Trump à l'égard de l'Europe, il montre comment ce dernier pourrait nuire à la relation transatlantique et à l'ordre international, pour se concentrer davantage sur la préservation des intérêts américains et les tensions avec la Chine. Ce possible affaiblissement des liens avec l'Europe devrait, selon l'auteur, inciter celle-ci à reprendre en main sa sécurité et sa défense, et à accroître son influence sur la scène internationale. S.D.

En l'espace de quelques semaines, la campagne présidentielle américaine aura connu une succession de rebondissements digne des meilleures séries : tentative d'assassinat de Donald Trump, Convention républicaine confirmant la « trumpisation » complète de l'ex-Grand Old Party [2], nomination de J.D. Vance

1. Avocat international et essayiste. La rédaction de cet article a été achevée le 31 juillet 2024.
2. Autre nom donné au parti républicain (NDLR).

comme colistier et héritier de l'ancien président, puis désistement de Joe Biden en faveur de Kamala Harris, lancement enthousiasmant de sa campagne, et enfin, nomination inattendue de Tim Walz, gouverneur du Minnesota, comme colistier de cette dernière.

À moins de 100 jours de l'élection, ces rebondissements et la polarisation entre les deux camps rendent difficile d'anticiper ce que sera la politique étrangère américaine des prochaines années.

Une équation à plusieurs inconnues

La première incertitude concerne naturellement le résultat de l'élection présidentielle elle-même dans cette nouvelle configuration, qui risque de se jouer, dans le système électoral indirect américain, à quelques dizaines de milliers de voix près dans une poignée d'États pivots, comme en 2016. La majorité qui sortira des urnes au Sénat, renouvelable pour un tiers, et à la Chambre des représentants est tout aussi incertaine. Comme on le sait, le Congrès joue un rôle non négligeable dans la conduite de la politique étrangère américaine, par ses pouvoirs budgétaires, l'approbation des nominations clefs et la ratification des traités.

Une victoire de Donald Trump créerait un deuxième niveau d'incertitude sur la politique étrangère américaine des prochaines années, compte tenu de l'imprévisibilité totale du personnage, de l'incohérence de ses prises de position et des contradictions de la nouvelle doctrine républicaine en la matière. Le slogan « *Make America Great Again* » peut en effet se décliner en une version « primaciste [3] » reaganienne visant à préserver la suprématie militaire et technologique des États-Unis dans le monde, mais aussi en une version néo-isolationniste favorable à un désengagement des États-Unis des théâtres d'opération lointains au profit des priorités domestiques. Entre les deux figure le camp de ceux qui entendent concentrer l'engagement extérieur des États-Unis sur l'Asie et la compétition stratégique avec la Chine, au détriment de la relation atlantique et du Proche-Orient.

Ces trois tendances coexistent au sein du parti républicain et parmi les conseillers potentiels de Donald Trump, ce dernier oscillant entre l'une et l'autre au gré de ses humeurs et des situations, mais privilégiant par tempérament la démonstration de force

3. De l'anglais *primacy*, ce terme désigne les partisans du *leadership* et de la priorité donnée aux États-Unis sur tous les sujets (*America first*) (NDLR).

© e-crow / Shutterstock

comme moyen de dissuasion : ne se vante-t-il pas régulièrement de l'absence de conflit lors de son mandat, attribuant sans vergogne l'agression russe contre l'Ukraine et l'attaque du Hamas contre Israël à la « faiblesse » de son adversaire démocrate ? Plus structuré dans sa pensée, mais d'autant plus redoutable, son colistier J.D. Vance oscille entre l'isolationnisme et la concentration sur la priorité asiatique.

Selon la plupart des commentateurs, un second mandat Trump serait encore plus dommageable, en tout état de cause, que le premier, l'ancien président étant désormais mieux préparé et servi par un parti républicain à sa dévotion.

On sait encore peu de chose de la politique étrangère de Kamala Harris, mais l'on peut anticiper qu'elle s'inscrirait pour l'essentiel dans la continuité de celle de Joe Biden, sur la base notamment de ses interventions à la conférence de Munich sur la sécurité de février 2024.

Il n'en reste pas moins difficile, dans ces conditions, d'anticiper ce que pourrait être la diplomatie de la première puissance mondiale dans les prochaines années. La question est d'autant plus cruciale que les États-Unis sont fortement impliqués dans la guerre russo-ukrainienne et dans le conflit ouvert par l'agression du Hamas contre Israël le 7 octobre 2023. À ces deux conflits qui agitent la planète, s'ajoutent la menace chinoise sur Taiwan, les avancées iraniennes vers la possession de l'arme nucléaire, la rivalité sino-américaine, la poussée nationale-populiste en Europe, et la constitution d'un front des puissances autoritaires contre l'Occident démocratique. Ces tensions génèrent un troisième type d'incertitude : qui sait comment un Donald Trump ou une Kamala Harris réagirait à une invasion de Taiwan par la Chine, à une frappe nucléaire tactique russe en Ukraine, voire sur le flanc est de l'OTAN (Organisation du traité de l'Atlantique Nord), ou encore à une nouvelle attaque iranienne sur le territoire israélien ou une provocation nord-coréenne ?

Pour tenter de réduire ce triple niveau d'incertitude, extrapolons à partir des actions et prises de position des candidats, et de leurs conseillers putatifs, sur les trois sujets géopolitiques majeurs

Le secrétaire d'État américain Antony Blinken et le président Joe Biden lors d'un sommet Union européenne / États-Unis à Bruxelles, le 15 juin 2021. © Alexandros Michailidis / Shutterstock

que sont la relation transatlantique, la rivalité avec la Chine et la situation au Proche-Orient. S'agissant de Donald Trump, on se référera notamment à un récent article de son dernier conseiller à la sécurité nationale, Robert C. O'Brien, publié dans la livraison de l'été 2024 de la revue du Council on Foreign Relations, *Foreign Affairs*, et intitulé très significativement « Le retour de la paix par la force. Plaidoyer pour la politique étrangère de [D.]Trump [4] ». Du côté démocrate, lui fait pendant, dans le même numéro, un article de Ben Rhodes, ancien collaborateur de l'administration Obama, intitulé tout aussi significativement « Une politique étrangère pour le monde tel qu'il va. Biden et la recherche d'une nouvelle stratégie américaine [5] ».

De quelques anticipations raisonnables

Sur la relation transatlantique

C'est le domaine où un retour de Donald Trump à la Maison Blanche serait le plus lourd de conséquences. Si Joe Biden représentait la continuité de la relation atlantique telle qu'elle existe depuis la fin de la Seconde Guerre mondiale, son adversaire a réitéré ses menaces contre la pérennité de l'OTAN, n'a jamais porté l'Union européenne dans son cœur et nourrit une proximité suspecte avec Vladimir Poutine. Le retrait des États-Unis de l'OTAN, qui sonnerait probablement le glas de l'Alliance, paraît néanmoins peu probable, en raison des résistances politiques et juridiques qu'il susciterait au Congrès et dans l'*establishment* militaro-industriel américain, des efforts financiers consentis par les pays européens pour se mettre à niveau de leurs obligations budgétaires, et de la nécessité de l'OTAN pour la sécurité des États-Unis eux-mêmes.

On peut redouter en revanche une réduction du soutien militaire et financier de Washington à l'Ukraine, à charge pour les

4. O'BRIEN Robert C., « The Return of Peace through Strength: Making the Case for Trump's Foreign Policy », *Foreign Affairs*, vol. 103, n° 4, juilllet-août 2024.

5. RHODES Ben, « A Foreign Policy for the World as It Is: Biden and the Search for a New American Strategy », *Foreign Affairs*, vol. 103, n° 4, juilllet-août 2024.

Européens de prendre le relais sur le plan financier, et une pression pour un règlement du conflit favorable à Moscou. Une telle hypothèse ne ferait qu'envenimer une relation transatlantique qui serait — c'est une certitude — beaucoup plus tendue que sous la présidence Biden, avec le retour des guerres commerciales — Donald Trump a déjà annoncé des droits de douane universels de 10 % sur toutes les importations —, des conflits réglementaires autour des nouvelles technologies, des tensions au sujet des relations avec la Chine, et un soutien aux mouvements populistes et anti-européens au sein des États membres de l'Union européenne que sa réélection ne manquerait pas de renforcer.

Sur la Chine et l'Asie

Barack Obama avait inauguré le « pivot vers l'Asie », faisant de la rivalité stratégique sino-américaine pour le statut de première puissance mondiale l'alpha et l'oméga de la politique étrangère des États-Unis, et la clef de voute des relations internationales du XXIe siècle. Donald Trump lui avait emboîté le pas avec une rhétorique et une politique commerciale beaucoup plus agressive à l'égard de Pékin, orientation largement poursuivie, avec plus de diplomatie, par l'administration Biden. L'agression russe contre l'Ukraine avait cependant conduit les États-Unis à se réengager en Europe, reléguant le pivot vers l'Asie temporairement au second plan.

Un retour de Donald Trump à la Maison Blanche verrait sans doute un désengagement américain plus ou moins marqué de l'Ukraine et de l'Europe au profit de l'Asie, notamment si la Chine accroissait sa pression sur Taiwan. L'article de Robert O'Brien plaide pour un découplage complet avec l'économie chinoise, des droits de douane de 60 % sur toutes les importations en provenance de Chine, et un renforcement des capacités militaires américaines. On peut également anticiper d'autres conflits commerciaux et technologiques, ainsi qu'une pression accrue sur l'Europe pour qu'elle choisisse son camp. Avec les pays alliés de l'Indo-Pacifique (Inde, Japon, Philippines, Australie...), y compris Taiwan, Donald Trump poursuivrait sans doute la diplomatie transactionnelle [6] inaugurée lors de son premier mandat, en exigeant là aussi un partage du fardeau financier de l'effort de défense.

---

6. Diplomatie reposant sur les techniques de négociation exposées dans son livre *Trump: The Art of the Deal* (New York : Random House, 1987), centrées sur l'agressivité et les moyens de pression (NDLR).

Sur le Proche-Orient

Là où Kamala Harris continuerait à soutenir Israël tout en œuvrant plus activement en faveur d'une solution à deux États dans le conflit israélo-palestinien, un retour de Donald Trump à la Maison Blanche se traduirait par un soutien à la frange la plus nationaliste de l'échiquier politique israélien, compromettant les maigres espoirs de paix subsistant après le massacre du 7 octobre 2023. Une nouvelle administration Trump s'efforcerait de renforcer et d'élargir les « accords d'Abraham [7] », seul véritable succès du mandat précédent, avalisés par l'administration Biden et qu'aucun État arabe signataire n'a dénoncés après le 7 octobre et l'offensive israélienne sur Gaza. La conclusion d'un accord similaire entre Israël et l'Arabie Saoudite changerait naturellement la donne au Proche-Orient et était déjà perçue par l'administration Biden comme une clef de la résolution du conflit israélo-palestinien et d'une paix durable dans la région.

La prochaine administration américaine sera vraisemblablement confrontée à la phase finale du programme nucléaire iranien et devra se déterminer en conséquence, dans un jeu triangulaire complexe avec Israël et l'Arabie Saoudite. S'inscrivant dans la droite ligne du premier mandat Trump, l'article de Robert O'Brien cité plus haut plaide à cet égard pour une pression américaine « maximale » sur l'Iran et un soutien sans réserve à Israël.

Enseignements pour l'Europe

Une thèse en vogue en France et en Europe, notamment chez les Américano-sceptiques, met en avant la continuité et les convergences de fond, au style près, entre le mandat chaotique de Donald Trump et la diplomatie de son successeur démocrate, en matière de protectionnisme industriel et commercial, dans leur attitude à l'égard de la Chine, et dans une moindre mesure au Proche-Orient. On lui objectera qu'un retour de Donald Trump n'en marquerait pas moins, dans un environnement géopolitique mondial fortement dégradé par rapport à la période 2016-2020, un risque considérable d'aggravation des tensions internationales, par l'affaiblissement des deux piliers de la sécurité collective de l'après-guerre : la relation transatlantique, colonne vertébrale de l'Occident démocratique attaqué de toutes parts ; et le *leadership*

7. Traités de paix signés en 2020 entre Israël et les Émirats arabes unis, d'une part, et entre Israël et Bahreïn d'autre part.

Le président Donald Trump dans le Bureau ovale de la Maison Blanche, le 6 mai 2020
© Muhammad Aamir Sumsum / Shutterstock

américain dans la défense de l'ordre libéral international et la prise en mains des défis planétaires. Le climatoscepticisme de l'ancien président et de ses soutiens constitue à cet égard une menace directe pour la lutte déjà mal engagée contre le dérèglement climatique.

De même, la « politique étrangère pour la classe moyenne » annoncée par Joe Biden à sa prise de fonction visait à reconquérir l'électorat traditionnel du parti démocrate pour contrer la vague populiste et empêcher le retour de Donald Trump. Sa politique industrielle en faveur du climat, notamment les subventions de l'*Inflation Reduction Act* [8] abondamment dénoncées par les Européens, ne traduisait pas une hostilité à l'Europe, contrairement à la politique commerciale de son prédécesseur, mais une stratégie politique nécessaire, à la réussite malheureusement insuffisante. Kamala Harris poursuivrait sans doute dans la même direction.

Si la diplomatie transactionnelle de Donald Trump et l'imprévisibilité du personnage peuvent s'apparenter au summum de l'« ambiguïté stratégique » à l'encontre des adversaires des États-Unis, elles conduisent leurs alliés européens et asiatiques à douter de la fiabilité de la protection américaine et à influencer leur positionnement en conséquence. Surtout, les assauts permanents de l'ancien président contre l'État de droit et les institutions de la démocratie américaine tendent à légitimer les régimes autoritaires et à réduire considérablement l'influence des démocraties occidentales dans le monde. L'opposition entre Donald Trump et son adversaire démocrate est donc très loin de n'être qu'une question de style : elle est fondamentale, notamment pour l'Europe.

Ceci ne signifie pas pour autant qu'en cas de victoire démocrate en novembre prochain, l'Union ne doive pas continuer à se préparer à marche forcée à accroître ses capacités de défense et d'intervention sur des théâtres extérieurs, ainsi que son réarmement industriel. Il est certes peu vraisemblable que les États-Unis, même sous Donald

8. Sur cet aspect, lire l'article d'Antoine Bouët en p. 33 de ce numéro (NDLR).

Trump, abandonnent l'Europe ou Israël, pour la bonne et simple raison que les adversaires de l'une comme de l'autre — Russie, Iran — sont aussi et plus encore les ennemis de l'Amérique. Mais Washington pourrait difficilement défendre seul trois fronts simultanés, en Europe, au Proche-Orient et demain en Asie.

De plus, comme trop d'Européens semblent l'avoir oublié, Joe Biden était le dernier Mohican de la vieille tradition atlantiste issue de l'Histoire et des deux guerres mondiales. Le passage du temps, la « trumpisation » du Grand Old Party et l'évolution de la démographie des États-Unis [9] produiront — peut-être dès novembre 2024 en cas de retrait du président-candidat démocrate — des *leaders* politiques culturellement plus éloignés de l'Europe, à l'image d'un Barack Obama et sans doute aussi d'une Kamala Harris. Les Européens doivent donc continuer à s'unir pour se renforcer collectivement, mais aussi démontrer aux nouvelles générations de *leaders* politiques américains leur valeur ajoutée et l'importance de la relation transatlantique pour les États-Unis eux-mêmes, dans un monde où le poids économique et politique de l'Occident continuera à décliner.

Le pire n'est pas toujours sûr

Le monde et la prochaine administration américaine avec lui seront confrontés à des tensions et des crises géopolitiques majeures au cours des prochaines années. En cas de victoire du candidat républicain, on ne peut qu'espérer que la politique de « la paix par la force » prônée par un Robert O'Brien parvienne effectivement à dissuader les adversaires des démocraties occidentales, au lieu de les encourager, sans déclencher une troisième guerre mondiale.

Mais l'immense défi que constitue la reconstruction d'un ordre international sur les ruines de la *Pax americana* de la seconde moitié du XXe siècle restera entier, pour faire face collectivement aux bouleversements géopolitiques, à la montée de l'autoritarisme, au dérèglement climatique et aux dangers de la prolifération nucléaire et de l'intelligence artificielle. Les institutions internationales — Organisation des Nations unies, Organisation mondiale du commerce… — ne fonctionnent plus, le protectionnisme et la géopolitique gangrènent progressivement l'économie mondiale, et les puissances régionales réunies sous le label hétéroclite du « Sud global » (Inde, Brésil, Turquie, Arabie Saoudite, Afrique du Sud…) ont

9. Sur cet aspect, lire l'article de William Frey, en p. 15 de ce numéro (NDLR).

épousé la diplomatie transactionnelle de Donald Trump, et s'allient volontiers aux empires autoritaires pour contester la domination occidentale au gré des circonstances et de leurs intérêts.

Le parti démocrate a paru jusqu'ici trop divisé pour reprendre le flambeau, entre les gardiens du temple atlantistes et multilatéralistes, représentés par l'administration Biden, et les courants progressistes qui lui reprochent, à l'instar de Ben Rhodes dans l'article précité, de n'avoir pas suffisamment rompu avec l'Ancien Monde et acté la fin de la domination américaine [10]. Une présidence Harris parviendrait-elle a réaliser la synthèse des deux ?

Pour préoccupante qu'elle soit, cette vacance du *leadership* normatif américain offre à l'Union européenne l'occasion d'accroître son influence dans la construction d'un nouvel ordre international. À condition qu'elle survive aux menaces internes et externes qui la guettent et qu'elle s'en donne les moyens. ■

10. Pour une version trumpiste de cette position, voir BYERS Andrew et SCHWELLER Randall L., « Trump the Realist: The Former President Understands the Limits of American Power », *Foreign Affairs*, 1er juillet 2024. URL : https://www.foreignaffairs.com/donald-trump-realist-former-president-american-power-byers-schweller. Consulté le 31 juillet 2024.

PRACTICES OF FORESIGHT IN BIG ORGANIZATIONS

17 SEPTEMBER 2024, 4-5.30PM | FUTURIBLES | PARIS AND VIRTUALLY

PROSPECTIVE LAB EVENT

Over the past four years, the brutal shocks but also the profound transformations that our political, economic and social systems have experienced, at the international and national levels, have proven more than ever the importance of foresight for organizations in an increasingly uncertain world.

But remains the question of how to develop and implement foresight analyses within organizations' processes to best inform strategic decision-making. During this session of the Prospective Lab, we will focus on the specificities of foresight in multinationals, and we will address the following questions:

- What are the challenges big organizations face when applying foresight?
- How to communicate and sensibilize around the necessity of foresight with the top management, with colleagues and other directions?
- How to share results and make sure foresight work is useful? How to make a link between foresight and strategy?
- How foresight can be a lever of external influence?

SPEAKERS

- **Olivier Desbiey,** Group Head of Foresight at AXA
- **Marianne Julien,** Foresight Investigation Leader and Facilitator at i-Lab at Air Liquide
- **Michelle Rathman-Josserand,** Director of the Strategic and Scientific Foresight and Risk Intelligence at L'Oréal
- **Geraldine Wessing,** Chief Political Analyst at Shell
- **Marie Ségur,** Research Director at Futuribles

The session will be held in English but questions and commentaries by the audience are welcomed in French.

REGISTRATION

Participation is free but registration is required.

Please sign up at msegur@futuribles.com if you are planning to attend the meeting in person on the premises of Futuribles: 47 rue de Babylone, 75007 Paris, France.

You can register by filling in the form on our website at https://www.futuribles.com/event/practices-of-foresight-in-big-organizations/ if you wish to participate virtually.

Contact: Marie Ségur • E-mail: msegur@futuribles.com • Tel.: + 33 (0)1 53 63 37 70
Site Internet: https://www.futuribles.com/event/practices-of-foresight-in-big-organizations/

Perspectives démographiques aux États-Unis

Vieillissement, diversification ethnique et dynamique migratoire [1]

Par William H. Frey [2]

Le U.S. Census Bureau, en charge des statistiques démographiques des États-Unis, a publié, au printemps 2023, de nouvelles données issues du recensement de 2020 puis, fin 2023, de nouvelles projections relatives à la population américaine, qui ont confirmé un certain nombre de tendances déjà soulignées dans ces colonnes [3]. *William Frey, de la Brookings Institution, présente ici les principaux enseignements à retenir de ces nouvelles données. Il pointe ainsi la poursuite du vieillissement démographique aux États-Unis, et des écarts raciaux importants entre les générations. Il analyse également les projections proposées à l'horizon 2100, qui montrent bien le rôle déterminant de l'immigration dans le maintien de la vitalité démographique américaine. En particulier, il souligne que quel que soit le scénario migratoire retenu (y compris celui d'une immigration zéro), la diversification ethnique va se poursuivre et la part de la population blanche continuer de décliner. Selon William Frey, ces projections montrent combien la poursuite de la migration internationale vers les États-Unis est vitale pour la croissance du pays et pour lui permettre de limiter le vieillissement de sa population.* S.D.

1. Cet article fait la synthèse de deux publications de William Frey parues sur le site de la Brookings Institution : « New 2020 Census Data Shows an Aging America and Wide Racial Gaps between Generations », 1er août 2023. URL : https://www.brookings.edu/articles/new-2020-census-data-shows-an-aging-america-and-wide-racial-gaps-between-generations/ ; et « New Census Projections Show Immigration Is Essential to the Growth and Vitality of a more Diverse US Population », 29 novembre 2023. URL : https://www.brookings.edu/articles/new-census-projections-show-immigration-is-essential-to-the-growth-and-vitality-of-a-more-diverse-us-population/. Consultés le 17 juin 2024. La traduction et la synthèse ont été réalisées par Stéphanie Debruyne (Futuribles), avec l'aimable autorisation de la Brookings.

2. Chercheur *senior* à la Brookings Institution, *Metropolitan Policy Program* (Brookings Metro) ; auteur de *Diversity Explosion: How New Racial Demographics Are Remaking America* (Washington, D.C. : Brookings Press, 2018).

3. Voir FREY William H., « Diversification de la population des États-Unis. Tendances à l'aune du recensement 2020 », *Futuribles*, n° 439, novembre-décembre 2020, p. 35-46.

Au printemps 2023, le Census Bureau a publié de nouvelles analyses tirées du recensement mené en 2020 aux États-Unis [4], qui permettent de compléter les informations relatives à la structure par âge de la nation, et à sa composition raciale et ethnique, au niveau tant national que des différents États américains. Quelques mois plus tard, en novembre 2023, le Census Bureau a également rendu publiques de nouvelles projections démographiques [5] permettant notamment d'appréhender le rôle de l'immigration dans l'évolution future de la population américaine. Ces deux publications constituent un très bon aperçu des principales caractéristiques de la population du pays et ses grandes tendances d'évolution à long terme.

État des lieux : les enseignements du recensement de 2020

Une Amérique vieillissante et des écarts raciaux importants entre les générations

Entre 2010 et 2020, la population âgée des États-Unis (65 ans ou plus) a augmenté presque deux fois plus vite (39 %) qu'au cours de la décennie précédente (et plus de trois fois plus vite que dans les années 1990). Ce taux de croissance est le plus élevé que le pays ait connu sur une décennie depuis les années 1880 ; et le gain numérique intercensitaire (+ 15,5 millions de personnes âgées) est le plus important de son histoire [6]. Cette augmentation s'explique par le vieillissement de la génération des *baby-boomers*, dont la première moitié a atteint l'âge de 65 ans au cours de la décennie.

Sur la même période, la population en âge de travailler (18-64 ans) a progressé à un rythme beaucoup plus lent : + 4,2 %, soit moins de la moitié de la croissance des années 2000 et environ un tiers de celle des années 1990. Et, élément peut-être encore plus marquant, la population des moins de 18 ans a diminué dans les années 2010, après une légère hausse dans les années 2000 et une croissance

4. « Census Bureau Releases New 2020 Census Data on Age, Sex, Race, Hispanic Origin, Households and Housing », U.S. Census Bureau, 25 mai 2023. URL : https://www.census.gov/newsroom/press-releases/2023/2020-census-demographic-profile-and-dhc.html. Consulté le 17 juin 2024.

5. « U.S. Population Projected to Begin Declining in Second Half of Century », U.S. Census Bureau, 9 novembre 2023. URL : https://www.census.gov/newsroom/press-releases/2023/population-projections.html. Consulté le 17 juin 2024.

6. CAPLAN Zoe, « U.S. Older Population Grew from 2010 to 2020 at Fastest Rate Since 1880 to 1890 », U.S. Census Bureau, 25 mai 2023. URL : https://www.census.gov/library/stories/2023/05/2020-census-united-states-older-population-grew.html. Consulté le 17 juin 2024.

Graphique 1. **Tendances d'évolution de la population des États-Unis, 1990-2020**

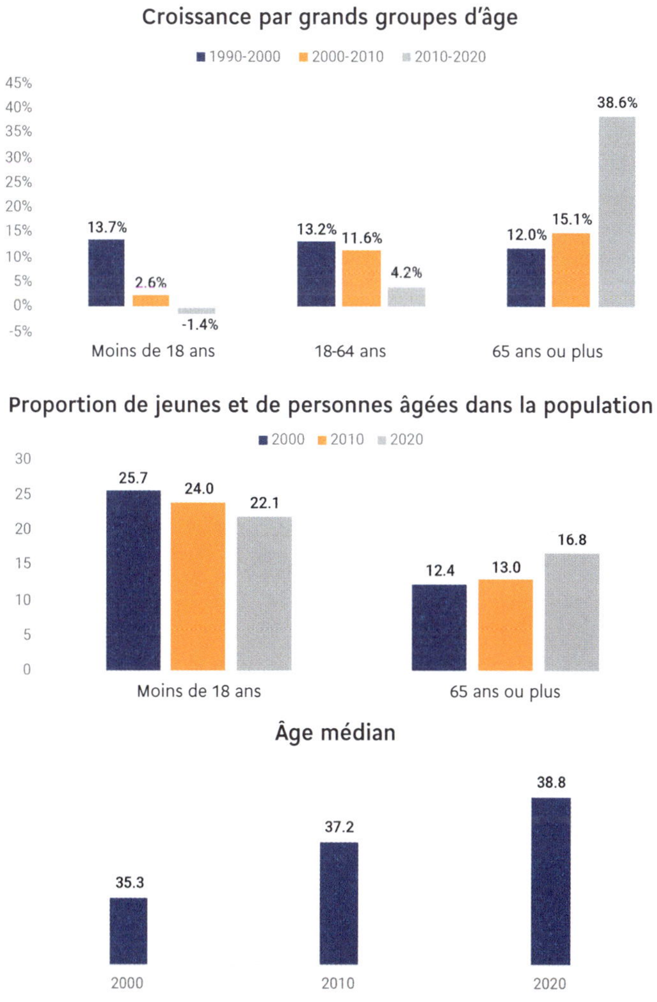

Source : auteur / Brookings Metro, à partir du recensement 2020.

substantielle dans les années 1990. Cette baisse résulte d'une diminution des naissances (liée à une baisse de la fécondité et à une diminution proportionnelle du nombre de femmes en âge de procréer en raison du vieillissement de la population), ainsi que d'une immigration en baisse à la fin des années 2010.

Ces tendances combinées ont porté la part des personnes âgées à un sixième (16,8 %) de l'ensemble de la population, bien au-delà de leur part de 12,4 % en 2000 et de 9,2 % en 1960. À l'époque, en plein *baby-boom*, les jeunes représentaient plus d'un tiers (35,8 %) de la population. Ils n'en représentent plus qu'un cinquième (22,1 %) en 2020.

L'âge médian de la population est une autre mesure du vieillissement. Les États-Unis approchent des 40 ans (38,8 ans), contre 35,3 ans en 2000 et 29,5 ans en 1960. Les schémas de vieillissement diffèrent selon les États et les zones métropolitaines. Bien que tous les territoires aient enregistré une croissance de leur population âgée entre 2010 et 2020, les taux les plus élevés se situent plutôt dans les régions en croissance du pays — Alaska, Idaho, Colorado et Nevada —, et dans les zones métropolitaines d'Austin (Texas), Raleigh (Caroline du Nord), Houston (Texas), Atlanta (Géorgie) et Jacksonville (Floride). La croissance de ces régions n'est pas due au fait qu'elles attirent des migrants âgés, mais plutôt au vieillissement des résidents — des personnes aujourd'hui âgées de 50 ou 60 ans qui s'y sont installées au cours de leur jeunesse.

Il existe également des disparités géographiques dans l'évolution de la population jeune. Si 27 États et 26 grandes zones métropolitaines ont enregistré des baisses de leur population de moins de 18 ans au cours des années 2010, il existe des exceptions notables. C'est le cas du Dakota du Nord, de l'Utah et l'Idaho, ainsi que des zones métropolitaines d'Austin, Orlando (Floride), Raleigh et Nashville (Tennessee), qui affichent les taux de croissance les plus élevés. Dans ces régions à forte croissance, la population a augmenté grâce à une immigration nette pendant tout ou partie des années 2010 et, dans le cas de l'Utah, du Dakota du Nord et de l'Idaho, grâce à un nombre élevé de naissances.

Tous les États, à l'exception du Dakota du Nord, et toutes les grandes régions métropolitaines ont enregistré une hausse de leur âge médian : celui-ci varie de 31,3 ans dans l'Utah à 45,1 ans dans le Maine, et de 32,8 ans dans la région métropolitaine de Salt Lake City à 42,9 ans dans celle de Pittsburgh. Le classement relatif à l'âge médian reflète celui relatif à la part de la population âgée : les régions à croissance lente du Nord-Est et du Midwest, ainsi que la Floride et plusieurs régions métropolitaines attirant les retraités, y figurent généralement en tête. Par ailleurs, certaines régions dont l'âge médian était parmi les plus bas en 2020 (notamment Salt Lake City, Houston ou Dallas) ont, elles aussi, enregistré des augmentations notables de cet âge par rapport à la décennie précédente, ce qui confirme la réalité du vieillissement démographique.

Baisse de la part des Blancs chez les jeunes et les personnes d'âge moyen

L'évolution de la structure par âge de la population du pays n'est pas neutre du point de vue racial. Au niveau national, entre 2010 et 2020, la population blanche a enregistré un déclin dans les groupes d'âge inférieur à 55 ans, mais a vu sa part croître dans les groupes d'âge plus vieux, en particulier celui des 65-74 ans. Cette évolution résulte de l'arrivée dans cette tranche d'âge de la génération du *baby-boom*, majoritairement blanche. Comme les effectifs non blancs entrant dans la population âgée étaient plus réduits, la croissance des Blancs a été supérieure à celle des non-Blancs parmi les 65-74 ans et les 75 ans ou plus.

Dans la plupart des groupes d'âge, la croissance des non-Blancs résulte du fait que l'on dénombre plus de personnes vieillissant dans la catégorie (ajoutées aux nouveaux immigrants) qu'hors de la catégorie. Au sein des groupes plus jeunes, l'augmentation des naissances est un facteur supplémentaire, même si l'on observe une baisse de la population des moins de 5 ans — due à une baisse du nombre de naissances et à la réduction de l'immigration dans la seconde moitié des années 2010.

Le déclin des Blancs dans les groupes d'âge jeune et moyen est lié au vieillissement de la population blanche ; le nombre d'Américains blancs entrant dans ces groupes d'âge (plus l'immigration) est inférieur au nombre de ceux qui quittent la catégorie en vieillissant.

Il résulte de ces évolutions une population de plus en plus diversifiée aux âges les plus jeunes (graphique 2). Les minorités raciales représentent plus de la moitié des 0-4 ans et des 5-17 ans, les Latino-Américains ou les Hispaniques comptant pour plus d'un quart. En revanche, les Américains blancs représentent environ les trois quarts des 65-74 ans et des 75 ans ou plus. Sur l'ensemble du spectre d'âge, la part de la population blanche augmente avec l'âge.

La diversité a commencé à progresser au sein de la population jeune au cours des décennies précédentes, car les minorités raciales affichaient des niveaux d'immigration plus élevés à l'âge actif. Ceci a entraîné une hausse du nombre de minorités dans ces tranches d'âge, ainsi que des naissances (en raison de l'augmentation du nombre de femmes en âge de procréer). Le recensement de 2020 est ainsi le premier dans lequel moins de la moitié des enfants américains de moins de 18 ans s'identifient comme blancs.

Graphique 2. **Composition ethno-raciale de la population américaine par âge en 2020** (en %)

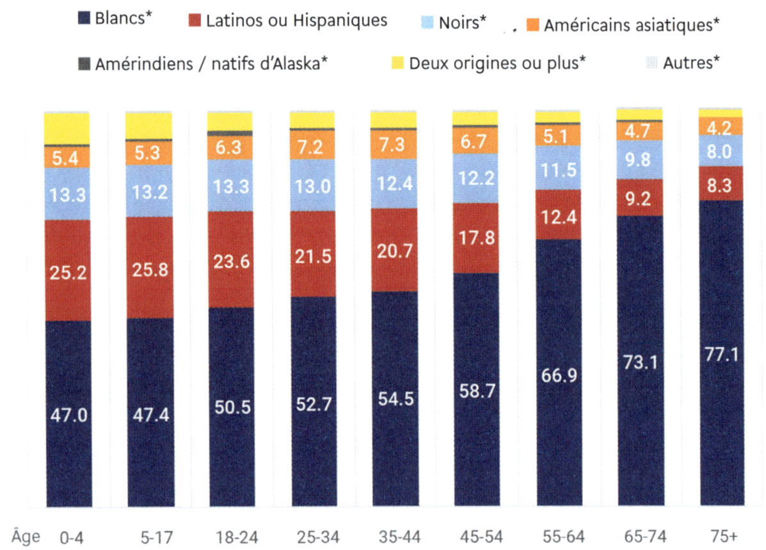

*Membres du groupe racial qui ne s'identifient pas aux Latinos ou Hispaniques.
Source : auteur / Brookings Metro, à partir du recensement 2020.

La croissance démographique des minorités raciales — en particulier des Latino-Américains ou des Hispaniques, et des Américains d'origine asiatique — a principalement permis de contrer le vieillissement, et sert désormais à contrebalancer le déclin de la population blanche parmi les jeunes et les personnes d'âge actif.

Le vieillissement plus prononcé de la population blanche s'observe également lorsqu'on compare l'âge médian des différents groupes. Celui-ci a augmenté dans tous les groupes entre 2010 et 2020, mais la population blanche continue d'afficher le plus élevé, 44,5 ans, soit près de 6 ans de plus que l'âge médian général et 14 ans de plus que celui des Latino-Américains ou des Hispaniques. Cette tendance est commune à la plupart des États et des grandes zones métropolitaines.

Des différences raciales entre les populations jeunes et âgées

Les nouvelles données du recensement montrent que la diversité accrue de la nation, en particulier chez les jeunes, continue d'entraîner des différences raciales importantes entre jeunes et personnes âgées. C'est ce qui ressort du graphique 3, qui présente

Graphique 3. **Écart racial entre population jeune et population âgée dans les trois derniers recensements**
(en %)

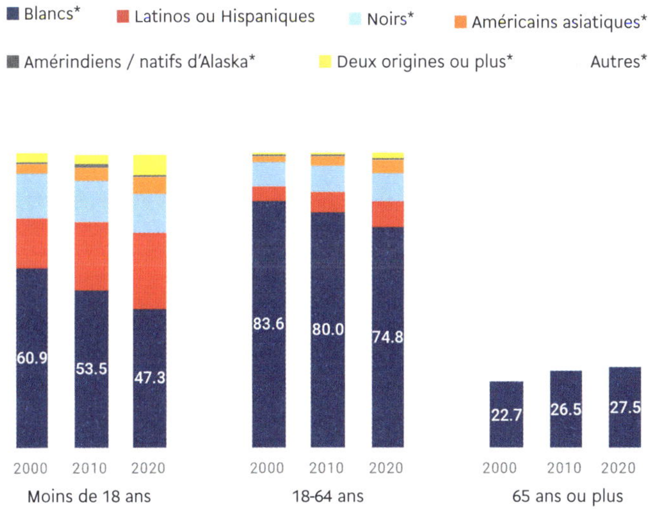

*Membres du groupe racial qui ne s'identifient pas aux Latinos ou Hispaniques.
Source : auteur / Brookings Metro, à partir du recensement 2020.

l'évolution de la composition raciale et ethnique des populations de moins de 18 ans et de 65 ans ou plus au cours des trois derniers recensements. Dans chacun de ces recensements, on constate un net écart de diversité entre les groupes jeunes et les plus âgés. En 2000, l'écart racial entre les personnes âgées et les jeunes était de 22,7 % — il s'agit de la différence entre la proportion de Blancs dans le groupe le plus âgé (83,6 %) et la proportion de Blancs dans le groupe le plus jeune (60,9 %). En 2020, bien que les groupes plus âgés et plus jeunes se soient diversifiés (avec une proportion de Blancs plus âgés de 74,8 % et une proportion de Blancs plus jeunes de 47,3 %), l'écart racial entre les personnes âgées et les jeunes s'est accru pour atteindre 27,5 %.

Ces écarts sont des indicateurs importants des disparités intergénérationnelles pouvant s'observer concernant d'autres dimensions sociales et économiques, et plus particulièrement de la part des communautés de couleur au sein des populations d'enfants et de jeunes adultes. Il est donc également utile d'examiner la répartition par âge et par race dans les États et les principales zones métropolitaines du pays.

Répartition par race et par âge dans les États

À l'échelle des États fédérés, c'est en Arizona que l'écart racial entre les personnes âgées et les jeunes est le plus élevé : la différence entre la part des Blancs dans la population âgée et celle des Blancs dans la population jeune y est de 40,7 %. Cette situation tient aux mesures déployées pendant des années pour attirer des retraités blancs plus âgés et des migrants plus jeunes et plus divers. Le Nevada, le Nouveau-Mexique, la Floride, la Californie et le Texas sont d'autres États présentant des écarts notables. Ils font partie des 24 États dont l'écart racial entre les jeunes et les vieux est supérieur à 25 points de pourcentage ; au total, 39 États enregistrent des écarts supérieurs à 20 points de pourcentage. Si les plus importants écarts raciaux entre jeunes et moins jeunes sont généralement relevés dans les régions du sud et de l'ouest, les États du corridor nord-est (Delaware, Rhode Island, Connecticut, Massachusetts et New Jersey) se classent également parmi les 15 premiers sur ce critère. Plusieurs États du Midwest, tels le Minnesota, l'Illinois, le Nebraska et le Kansas, se classent dans la moitié supérieure.

Même si l'écart racial entre les personnes âgées et les jeunes est plus important dans les États côtiers, les régions en croissance et les grandes zones métropolitaines que dans d'autres parties du pays, il est relativement généralisé. Cet écart dépasse 20 points de pourcentage dans 1 242 des 3 142 comtés du pays et est supérieur à 10 points de pourcentage dans plus des deux tiers de ces 3 142 comtés. La plupart des autres sont de petits comtés non métropolitains, dont beaucoup dépendent de plus en plus des minorités raciales pour leur croissance [7].

Une nation vieillissante avec une population plus jeune ethniquement diverse

Les statistiques du recensement de 2020 montrent que la nation continue de vieillir, en grande partie en raison de l'avancée de la génération des *baby-boomers*, très nombreuse, vers le troisième âge. Dans le même temps, les statistiques montrent que les minorités raciales non blanches sont les principaux moteurs de la croissance des populations jeunes et d'âge moyen aux États-Unis.

7. Pour une représentation cartographique plus précise, voir FREY William H., « Mapping America's Diversity with the 2020 Census », Brookings, 21 septembre 2021. URL : https://www.brookings.edu/articles/mapping-americas-diversity-with-the-2020-census/. Consulté le 17 juin 2024.

Le léger déclin observé dans la population jeune du pays serait bien plus marqué s'il n'était pas partiellement compensé par la croissance des populations latinos ou hispaniques, asiatiques et autres populations non blanches, ainsi que des personnes qui se revendiquent de deux races ou plus [8]. Les données les plus récentes du recensement montrent clairement que ce sont ces groupes minoritaires qui sont à l'origine de la totalité de l'accroissement récent de la population d'âge actif.

Et elles indiquent tout aussi clairement que les écarts raciaux importants observés entre les jeunes et les vieux, dans une grande partie du pays, sont susceptibles de persister à court terme. Cela se traduit par un fossé culturel entre les générations [9] que l'on retrouve dans de nombreux aspects du tissu social et politique du pays. Et au vu des dernières projections démographiques (à l'horizon 2100) du Census Bureau, ce fossé pourrait bien s'agrandir encore.

Perspectives : l'immigration, facteur essentiel à la croissance et à la vitalité démographiques du pays

L'immigration est devenue l'une des questions politiques les plus controversées aux États-Unis, sur fond de polémiques sensationnelles autour de l'ouverture des frontières, des immigrants illégaux et de stéréotypes négatifs sur les migrants. Mais il y a peu de discussions sur l'apport que constitue l'immigration à la croissance future d'une démographie en évolution, en particulier dans le contexte d'une baisse continue de la fécondité et d'une augmentation des décès — due au vieillissement.

Les nouvelles projections démographiques nationales du Census Bureau permettent d'évaluer le rôle de l'immigration dans l'évolution à venir de la population américaine [10]. Comparées aux précédentes projections de 2017 [11], les nouvelles données montrent

8. Voir FREY William H., « New 2020 Census Results Show Increased Diversity Countering Decade-long Declines in America's White and Youth Populations », Brookings, 13 août 2021. URL : https://www.brookings.edu/articles/new-2020-census-results-show-increased-diversity-countering-decade-long-declines-in-americas-white-and-youth-populations/. Consulté le 17 juin 2024.

9. FREY William H., « Younger, More Diverse Generations Promise to Change all Aspects of American Society », *Pew Trend Magazine*, 26 janvier 2018. URL : https://www.pewtrusts.org/en/trend/archive/winter-2018/old-versus-young-the-cultural-generation-gap. Consulté le 17 juin 2024.

10. « U.S. Population Projected to Begin Declining in Second Half of Century », *op. cit.*

11. « 2017 National Population Projections Datasets », U.S. Census Bureau, 2017. URL : https://www.census.gov/data/datasets/2017/demo/popproj/2017-popproj.html. Consulté le 17 juin 2024.

une croissance démographique future globalement plus faible en raison de la mise à jour des hypothèses de fécondité, de mortalité et d'immigration étrangère. Reposant sur quatre scénarios différents en matière migratoire, elles confirment le rôle déterminant que jouera l'immigration dans la croissance ou le déclin à venir de la population américaine.

Dans un avenir où les naissances diminuent et les décès augmentent au sein d'une population déjà vieillissante, les niveaux d'immigration sont en effet essentiels pour placer le pays sur une trajectoire de croissance plutôt que de déclin démographique, et pour contrer un vieillissement extrême. Par ailleurs, contrairement à ce qui est souvent affirmé, l'immigration n'est pas le principal responsable de l'accroissement de la diversité raciale et ethnique de la nation, car même dans des scénarios d'immigration future faible ou nulle, la population américaine tend à devenir moins blanche.

L'immigration, une variable déterminante de la croissance future de la population

Les nouvelles projections reposent donc sur quatre scénarios à l'horizon 2100, basés sur différents niveaux annuels d'immigration nette (les entrées moins les sorties). Le premier est un scénario d'immigration tendancielle, calqué sur les tendances historiques récentes — exception faite des années précédant et suivant immédiatement la pandémie de Covid [12] ; il repose sur des niveaux d'immigration nette annuelle compris entre 850 000 et 980 000 personnes. Le deuxième scénario table sur une immigration élevée, à un niveau net constant d'environ 1,5 million de personnes par an — niveau qui n'a été approché qu'occasionnellement dans un passé récent. Le troisième scénario, d'immigration faible, se base sur un effectif de 350 000 à 600 000 migrants nets par an, correspondant à ce qui a été observé dans les dernières années de la présidence Trump, même si ce chiffre reste supérieur à celui de la pandémie. Enfin, le dernier scénario, d'immigration « zéro », suppose un solde migratoire annuel légèrement négatif, résultant d'une certaine émigration et d'une absence d'immigration. Bien qu'il soit peu probable que les États-Unis connaissent une immigration zéro à l'avenir, ce scénario sert de point de référence pour montrer les changements démographiques futurs induits de prime abord par les évolutions de la fécondité et de la mortalité.

12. FREY William H., « U.S. Population Growth Has Nearly Flatlined, New Census Data Shows », Brookings, 23 décembre 2021. URL : https://www.brookings.edu/articles/u-s-population-growth-has-nearly-flatlined-new-census-data-shows/. Consulté le 17 juin 2024.

Graphique 4. **Projection de la population américaine totale, 2022-2100, selon quatre scénarios migratoires alternatifs** (en millions et taux de croissance en %)

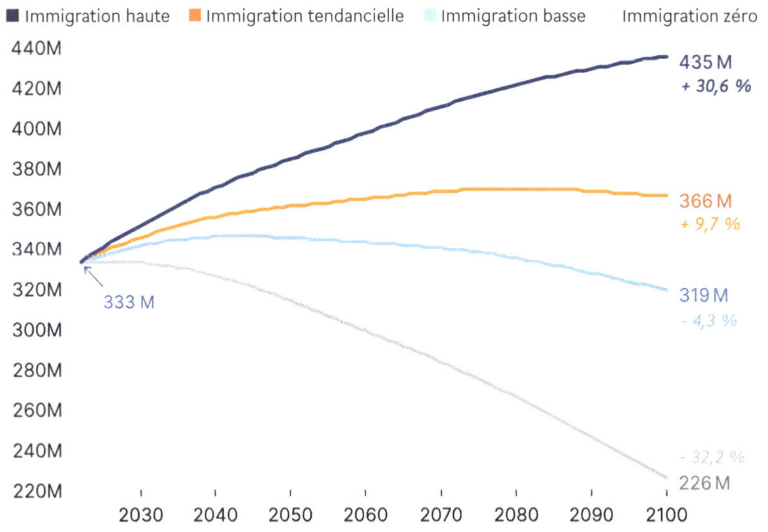

Source : auteur / Brookings Metro, à partir des projections de l'U.S. Census Bureau de novembre 2023.

Le graphique 4 montre le large éventail selon lequel pourrait évoluer la population des États-Unis en fonction des scénarios d'immigration, avec pour point de départ une population de 333 millions de personnes en 2022. En 2100, toutes choses égales par ailleurs, la population serait de 435 millions dans le scénario à forte immigration (+ 30,6 %), de 366 millions dans le scénario principal (+ 9,7 %), de 319 millions dans le scénario faible (– 4,3 %) et d'à peine 226 millions dans le scénario d'immigration zéro (– 32,2 %).

Le déclin de la population dans le scénario d'immigration zéro est particulièrement significatif : en l'absence de toute immigration, il y aurait une perte continue de la population chaque année entre 2024 et 2100 [13]. Les autres scénarios soulignent également l'impact de l'immigration sur la croissance démographique. Même dans le scénario tendanciel, la population américaine atteindrait son maximum en 2080 et diminuerait par la suite. Dans le scénario à faible immigration, ce pic se produirait en 2043 — dans 20 ans seulement — et la population commencerait ensuite à décliner et

13. Ces nouvelles projections montrent un déclin démographique encore plus important dans le cadre d'un scénario d'immigration zéro que les projections précédentes de 2017. Dans ces projections, qui se terminaient en 2060, le scénario d'immigration zéro donnait une population de 320 millions d'habitants en 2060, contre 299 millions d'habitants dans les projections actuelles. Le premier scénario représentait une baisse de la population de 3 %, tandis que le second représentait une baisse de 10 %.

redescendre sous la barre des 333 millions d'habitants de 2022. Seul le scénario à forte immigration entraîne une augmentation de la population au cours de chaque année de la projection.

Une autre façon de comprendre l'ampleur des évolutions projetées est de les comparer à celles des dernières décennies. Dans le scénario tendanciel d'immigration, chacune des décennies postérieures à 2020 affiche une croissance démographique considérablement plus faible que n'importe quelle décennie de l'histoire récente ou plus lointaine : 4,1 % et 3 % au cours des deux prochaines décennies, et pas plus de 1,5 % après 2040. Dans un scénario de forte immigration, les trois prochaines décennies connaîtraient des taux de croissance de 6 %, 5,3 % et 3,8 %. Enfin, dans un scénario d'immigration faible, la croissance démographique du pays serait négative pendant toute une décennie à partir de 2040.

L'immigration, un frein au vieillissement de la population américaine

Comme on l'a vu plus haut, le recensement de 2020 a mis en évidence une baisse de la population des moins de 18 ans au cours de la décennie 2010-2020, et une augmentation de la population des 65 ans ou plus due aux *baby-boomers*, actant le vieillissement de la population américaine. Les nouvelles projections confirment que ce phénomène s'accentue. Tous les scénarios d'immigration, à l'exception du scénario haut, tablent sur une baisse de la population jeune du pays au cours de chaque année de la période de projection. En outre, tous les scénarios situent avant 2030 le moment où le nombre de personnes âgées va dépasser celui des jeunes dans la population.

Compte tenu du fait que les immigrants et leurs enfants sont, dans l'ensemble, plus jeunes que le reste de la population, le vieillissement devrait ralentir à mesure que les niveaux d'immigration augmentent. Alors que la part de la population âgée dépasse son niveau de 2022 (17,3 %) dans tous les scénarios, elle atteint son niveau le plus élevé en 2100 (35,6 %) dans le scénario d'immigration zéro, contre seulement 27,4 % dans le scénario d'immigration forte.

Le taux de dépendance des personnes âgées, défini comme le *ratio* de la population âgée (65 ans ou plus) à la population en âge de travailler (18-64 ans), est une autre mesure du vieillissement utile en matière de politiques publiques. Il reflète dans quelle mesure la population âgée constitue (ou pas) un fardeau pour la population d'âge actif — par exemple, une valeur de 33 indique qu'il y a une

Graphique 5. **Projection des taux de dépendance des personnes âgées, 2022-2100, selon quatre scénarios migratoires**

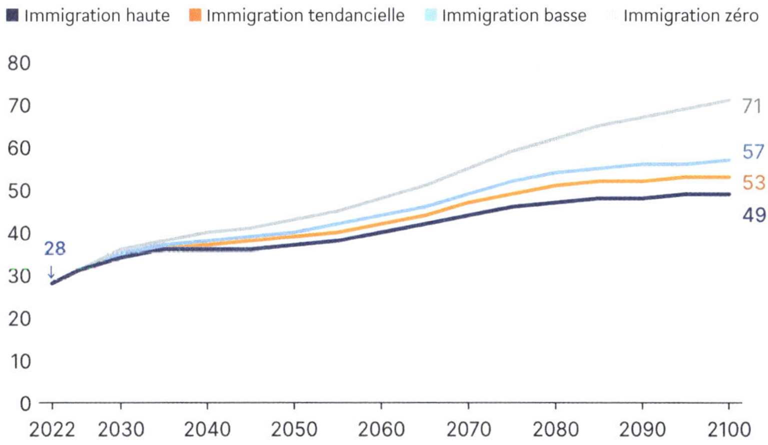

Source : auteur / Brookings Metro, à partir des projections de l'U.S. Census Bureau de novembre 2023.

personne âgée à charge pour trois personnes en âge de travailler. De 28 en 2022, ce *ratio* grimperait à 49 en 2100 dans le scénario d'immigration élevée, voire 71 dans le scénario d'immigration nulle (graphique 5).

L'impact de l'immigration sur le vieillissement peut être observé à relativement court terme en évaluant son incidence sur trois groupes d'âge clefs au cours de la période 2022-2035. Il s'agit d'une période au cours de laquelle la dernière partie de la génération des *baby-boomers* et les premiers membres de la génération X entrent dans la population des 65 ans ou plus et quittent la population d'âge actif. Le Census Bureau projette une forte croissance des personnes âgées dans tous les scénarios d'immigration, variant de 29 % à 32 % ; cependant, les niveaux de variation de la population jeune et surtout de la population d'âge actif dépendent davantage de l'immigration. Bien que la population des jeunes diminue dans tous les scénarios, son déclin au cours de cette période est beaucoup plus marqué dans les scénarios d'immigration faible et nulle (– 9 % et – 14 %, respectivement) que dans les scénarios d'immigration tendancielle et haute (– 6 % et – 3 %, respectivement).

De manière plus significative, c'est l'immigration à court terme qui détermine l'évolution, à la hausse ou à la baisse, de la population d'âge actif. Ainsi les scénarios d'immigration forte et d'immigration tendancielle se traduisent par une croissance positive des

18-64 ans (de 5 % et 2 %, respectivement) versus une croissance nulle ou négative dans les scénarios d'immigration faible et d'immigration zéro. Il est clair que, même au cours de la prochaine décennie, l'immigration aura un impact déterminant sur la taille de la population active du pays.

Une nation ethniquement plus diverse indépendamment des niveaux d'immigration

Alors que la diversité raciale des immigrants et leur contribution à rendre l'Amérique « moins blanche » ont fait l'objet de nombreuses discussions politiques, les nouvelles projections du recensement montrent clairement que la diversité raciale et ethnique de la nation va s'accroître, ce indépendamment du niveau d'immigration.

Sur l'ensemble de la période de projection jusqu'en 2060 [14], les personnes blanches qui ne s'identifient pas à d'autres groupes raciaux ou ethniques devraient voir leur population diminuer dans tous les scénarios d'immigration. Cela est dû à leur structure par âge plus vieille, qui entraîne ce que les démographes appellent une décroissance naturelle (excédent des décès sur les naissances), qui annule les gains réalisés grâce à l'immigration. Dans tous les scénarios d'immigration, la population blanche du pays diminuerait chaque année.

De fait, la totalité de la croissance démographique repose donc sur les personnes qui s'identifient à d'autres groupes ethniques ou raciaux, voire à deux races ou plus [15]. Parmi ces groupes, les Latino-Américains et les Hispano-Américains devraient enregistrer la croissance la plus forte dans chaque scénario d'immigration. Même si ces deux groupes sont aussi censés constituer une part notable des futurs flux d'immigrants, la part considérable qu'ils représentent déjà dans la population résidente des États-Unis au début de la période de projection (19 %) implique que leur accroissement naturel contribuera à la croissance démographique future, y compris dans les scénarios d'immigration faible ou nulle.

En raison de cette dynamique, dans chaque scénario d'immigration, la part de la population américaine totale qui s'identifie à un

14. Les nouvelles projections par race / ethnie concernent la période 2022-2060.

15. La projection des identités raciales futures des Américains au cours de cette période est moins précise que les projections par âge en raison de l'évolution des mariages et des naissances interraciaux, ainsi que des changements dans l'auto-identification. Toutefois, les grandes tendances présentées ici montrent clairement que l'immigration future n'est ni la seule, ni la principale raison pour laquelle les États-Unis continueront à se diversifier.

Graphique 6. **Composition ethno-raciale de la population américaine 2030-2060 selon quatre scénarios migratoires**

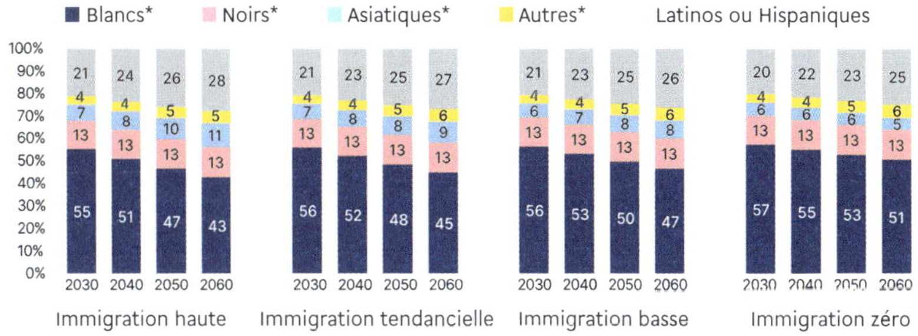

*Membres du groupe racial qui ne s'identifient pas aux Latinos ou Hispaniques.

Source : auteur / Brookings Metro, à partir des projections de l'U.S. Census Bureau de novembre 2023.

groupe racial ou ethnique non blanc devrait croître et dépasser son niveau de 2022 (41 %). D'ici 2060, elle atteindrait 57 % dans le scénario à forte immigration, 55 % dans le scénario tendanciel, 53 % dans le scénario à faible immigration et 49 % dans le scénario d'immigration zéro. Le graphique 6 présente les profils ethniques envisageables de 2030 à 2060, par scénario, de manière plus détaillée. En 2040, la population blanche ne représente pas plus de 55 % de la population totale, quel que soit le scénario d'immigration considéré. Et en 2050, les populations des scénarios haut, tendanciel et bas sont composées au moins pour moitié de populations minoritaires, un quart ou plus s'identifiant comme latino ou hispanique.

Enfin, les projections donnent une estimation de l'année à partir de laquelle la population totale serait composée au moins pour moitié de minorités : 2043 dans le scénario à forte immigration, 2046 dans le scénario tendanciel et 2050 dans le scénario bas. Et dans le scénario d'immigration zéro, on s'en approche en 2060 (49 %), année limite des projections du Census Bureau sur les aspects ethniques, ce qui confirme à nouveau le développement de la diversité de la population nationale indépendamment de toute immigration supplémentaire.

La diversité se déplace des populations jeunes vers les populations plus âgées

Comme on l'a vu plus haut, la diversité raciale et ethnique s'est accrue aux États-Unis, particulièrement chez les plus jeunes, ces dernières décennies, et les Américains blancs ont vu leur part baisser dans tous les groupes d'âge de moins de 55 ans dès la

Graphique 7. **Composition ethno-raciale de la population américaine par âge, 2030-2060, selon le scénario d'immigration tendancielle**

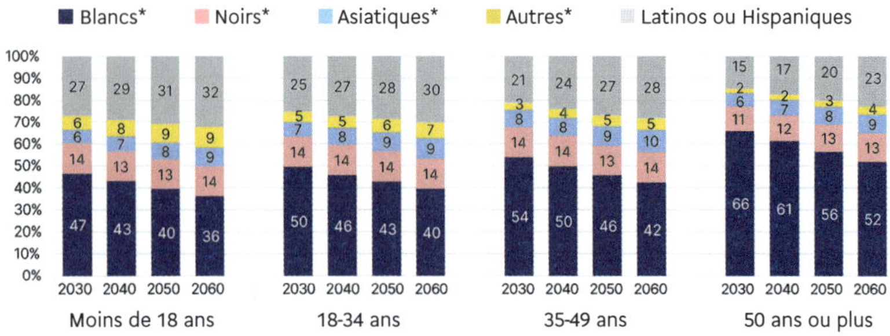

*Membres du groupe racial qui ne s'identifient pas aux Latinos ou Hispaniques.

Source : auteur / Brookings Metro, à partir du recensement 2020.

décennie 2010-2020. Dans les projections du Census Bureau, quel que soit le scénario d'immigration retenu, les minorités deviennent majoritaires dans le groupe d'âge jeune (moins de 35 ans) plus tôt que dans celui des personnes plus âgées (moins de 50 ans). Le graphique 7 présente la composition ethnique par âge détaillée correspondant au scénario d'immigration tendanciel.

Si chaque groupe d'âge se diversifie au fil du temps, les groupes les plus jeunes gardent toujours une longueur d'avance. Et si chaque groupe d'âge se diversifie davantage au fil du temps, le groupe le plus jeune reste moins blanc que les autres groupes d'âge en 2060 (36 % contre 40 %, 42 % et 52 %, respectivement).

Dans un contexte de déclin annoncé de la population des jeunes dans un avenir lointain, cette diversification « ascendante » incite à accorder plus de place et d'attention aux minorités dans un certain nombre d'institutions en charge de préparer les jeunes à devenir des membres productifs de la population active, ou d'en faire des citoyens.

L'importance démographique de l'immigration aux États-Unis

Ces dernières projections du Census Bureau sont indispensables à tout débat portant sur l'immigration aux États-Unis. Bien qu'elles n'abordent pas les questions discutées dans les programmes politiques en matière d'immigration, elles montrent clairement à quel point la poursuite de la migration internationale vers les États-Unis est vitale pour la croissance du pays et sa capacité à faire face au vieillissement de sa population. Même dans le cas d'une immigration modérée, la population américaine connaîtra des niveaux de croissance, à l'échelle de la décennie, bien inférieurs à ceux observés jusqu'ici, en raison de la baisse de la fécondité et de l'augmentation du nombre de décès dans une population vieillissante. Les immigrants et leurs enfants étant dans l'ensemble plus jeunes que le reste de la population américaine, ils contribueront à contrer le déclin et le ralentissement de la croissance parmi les jeunes Américains et la population d'âge actif au cours des décennies à venir, alors que la population âgée continuera de gonfler.

Ces projections montrent aussi clairement qu'à l'avenir, toute réduction de l'immigration n'inversera pas l'augmentation de la diversité raciale et ethnique de la population américaine. Les États-Unis vont continuer à se diversifier de manière importante, même dans le cadre d'un hypothétique scénario d'immigration zéro. Ce à quoi servira l'immigration — en particulier à court terme — c'est à diversifier la composition raciale et ethnique de la population jeune tout en aidant à compenser une partie des pertes dans ses rangs.

Bien que les États-Unis soient confrontés à des problèmes de croissance et de vieillissement démographique dans les décennies à venir, ils se trouvent en meilleure position que de nombreux autres pays développés tels que le Japon, l'Italie, l'Allemagne et d'autres nations européennes, en grande partie grâce aux bons niveaux d'immigration qu'ils ont connus au cours des 30 à 40 dernières années. Alors que l'immigration reste une question politique brûlante, focalisée sur les immigrants illégaux et les demandeurs d'asile, il est essentiel d'orienter le débat vers une analyse sérieuse du rôle qu'elle joue dans la croissance démographique et économique de la nation, et de la manière dont des politiques générales, telles qu'une réforme globale de l'immigration, peuvent répondre aux besoins futurs du pays. Les projections qui viennent d'être présentées constituent, à cet égard, un apport majeur. ■

CAUSAL LAYERED ANALYSIS MASTERCLASS

TRAINING SESSION | FUTURIBLES | 15 OCTOBER 2024 | PARIS

Instructors

Facilitated by **Sohail Inayatullah,** political scientist and futurist, UNESCO Chair in Futures Studies at the Sejahtera Centre for Sustainability and Humanity, IIUM, Malaysia, and **Ivana Milojević,** director of Metafuture.org

Objectives and Targeted Skills

Causal Layered Analysis (CLA) is one of the most innovative approaches in futures studies and foresight since the end of the 1990s. It is used to create alternative futures. The masterclass will consist of presentations, case studies and workshops allowing participants to experiment the approach.

CLA assumes four levels of reality, each equally important: the litany or the day-to-day unquestioned reality; the systemic or social causation level in which reality is accounted for and solutions offered; the worldview or discourse level wherein multiple perspectives and stakeholder positions are included; and the deepest level of myth and metaphor linked to culture that creates worldviews and where long-term transformation often occurs. CLA goes up and down these layers of analysis searching for solutions and strategies, finding new stories with accompanying new litanies.

CLA has been developed over the past 30 years and now is used throughout the world, in a number of settings: (1) as a way to deepen analysis so that policy solutions and innovative strategies are more inclusive, broader and successful, (2) as a strategy tool to deepen and broaden traditional business and executive strategic thinking, (3) as a tool to create structured conversations around gaps in policy-making, (4) as a tool for fleshing out backcasts, to ensure that they are robust, (5) as part of incasting scenarios, (6) as a way for practitioners to gain self-reflection on their core narratives, and (7) as a research tool for doctoral students.

The masterclass will be conducted in English.

Programme

- **CLA: A four-level approach to alternative futures**
- **Examples of the application of CLA in different fields**
- **The CLA game – Learning through the four levels**
- **Using CLA**
- **Prospective synthesis: Main trends and weak signals**

Registration Fees

The registration fee is €930 excluding tax, or €1,116 including VAT at 20%. It includes participation in training and training materials. Lunch is offered.
Futuribles International is a Qualiopi certified training organization.

Information

Detailed programme available at https://www.futuribles.com/formation/causal-layered-analysis-masterclass-2/#programme/. It can be sent on request to Corinne Roëls - Futuribles International - 47, rue de Babylone - 75007 Paris - France • Tel. +33 (0)1 53 63 37 71 • E-mail croels@futuribles.com

**Any multiple registration allows, from the second registration, to benefit from a 10% reduction (discount cannot be combined with the discounts enjoyed by Futuribles International members). Partner members of Futuribles International are exempt from registration fees (valid for one person, subject to availability).*

Perspectives économiques des États-Unis

L'*Inflation Reduction Act* : quels effets d'entraînement ?

Par Antoine Bouët [1]

Alors que l'Union européenne entreprend de mettre en place une stratégie de sécurité économique pour faire face aux évolutions d'un contexte international turbulent [2], *les États-Unis n'ont pas attendu pour protéger leur économie. Depuis 2022 et l'adoption de l'*Inflation Reduction Act *(IRA), l'administration américaine soutient son économie intérieure, au travers de mesures ciblant tant les consommateurs que les entreprises ; mesures qui, selon certains commentateurs, témoignent d'un repli protectionniste. Qu'en est-il ? En quoi consistent ces mesures et quels pourraient être leurs impacts sur la première puissance économique mondiale ?*

À deux mois de l'élection présidentielle américaine, sur laquelle continue de planer le spectre d'un retour au pouvoir de Donald Trump, Antoine Bouët présente ici la mécanique complexe de la politique de soutien à l'économie des États-Unis mise en œuvre par Joe Biden. Il en analyse les impacts en termes d'investissement, de lutte contre le changement climatique, sur le plan macroéconomique et environnemental..., faisant la part entre leur rôle effectif et les effets d'aubaine. Il examine enfin, plus largement, les perspectives économiques du pays à l'échelle mondiale, en particulier dans l'hypothèse d'un renforcement du protectionnisme suite au retour au pouvoir de Donald Trump : deux scénarios modélisés par le CEPII permettent d'en apprécier les conséquences. Comme le montre Antoine Bouët dans cet exercice, les mesures telles que l'IRA n'ont qu'un impact macroéconomique très relatif comparativement aux risques qui découleraient d'un regain protectionniste « trumpiste ». S.D.

1. Directeur du Centre d'études prospectives et d'informations internationales (CEPII).

2. Voir FABRY Elvire, « Quelle stratégie de sécurité économique pour l'Union européenne ? », *Futuribles*, n° 461, juillet-août 2024, p. 77-96.

L'adoption de l'*Inflation Reduction Act* (IRA) en août 2022 aux États-Unis a fait couler beaucoup d'encre. Cette loi est pour beaucoup la marque d'une économie américaine florissante qui attire les investissements directs et va réindustrialiser les États-Unis. Or, l'IRA est une loi ambiguë dont les effets sont encore difficiles à mesurer. C'est une loi compliquée et exigeante, dont certains effets pourraient être contre-productifs. C'est surtout une décision protectionniste (non coopérative) à un moment clef de l'Histoire, un moment où la communauté internationale devrait privilégier la coopération entre nations pour lutter contre le changement climatique. Cette attitude non coopérative des États-Unis pourrait en outre s'amplifier dans les prochaines années en cas d'arrivée d'une nouvelle administration.

Au-delà de l'IRA, dont l'impact macroéconomique sera faible, c'est la stratégie de la première économie du monde qui doit être appréciée. Les États-Unis, pays largement ouvert entre 1945 et 2016, semblent s'orienter vers un repli sur eux-mêmes. À l'aune de ce choix stratégique, les perspectives économiques à moyen ou long terme de ce pays sont difficiles à dessiner. D'un côté, l'économie américaine est particulièrement flexible, elle s'adapte rapidement aux chocs extérieurs et l'innovation reste un moteur de sa croissance. De l'autre, chez les responsables américains, la tentation de s'isoler est grande et pourrait mettre à mal à la fois les États-Unis et le reste du monde. Enfin, le populisme a un coût en termes de croissance économique et ce pays pourrait le payer à terme.

Dans cet article, nous expliquons ce qu'est l'IRA, avant d'estimer — exercice difficile — son impact sur les États-Unis. Nous concluons par des perspectives à moyen-long terme sur l'économie américaine.

IRA : vue d'ensemble

L'IRA a été adopté par le Congrès américain le 16 août 2022. Cette loi n'a pas pour priorité la réduction de l'inflation : son nom est une opération de *marketing* politique dans un contexte où l'inflation était la préoccupation majeure des Américains. L'IRA donne des incitations fiscales à la production et l'utilisation d'énergies propres aux États-Unis, en programmant des financements fédéraux sur 10 ans.

Le contexte économique et politique est essentiel pour comprendre l'adoption de cette loi. Depuis une dizaine d'années, l'opinion américaine a trois obsessions :

© Vitalii Vodolazskyi / Shutterstock

• La désindustrialisation du pays : le nombre d'emplois industriels a diminué de 5,8 millions entre 1990 et 2023.

• La montée en puissance économique et politique de la Chine : la croissance chinoise a été de 9 % en moyenne annuelle entre 1991 et 2022, contre 2,4 % aux États-Unis, et la part de la Chine dans les exportations mondiales de biens et services est passée de 0,7 % à 11,9 % entre 1974 et 2022, alors que celle des États-Unis passait de 13,1 % à 9,6 %.

• Le déficit commercial américain : les États-Unis ont un déficit commercial permanent depuis 1970, équivalent à 5 % du produit intérieur brut (PIB) en 2021.

Ces trois faits économiques sont liés. La montée de la Chine s'est traduite par une augmentation massive de ses exportations manufacturières vers les États-Unis, concurrençant la production locale et provoquant des fermetures d'usines.

Cependant, les pertes d'emplois dans le secteur manufacturier ont été compensées par des créations dans les services et la construction. Les États-Unis sont excédentaires dans les services et leur monnaie est réputée aussi solide que l'or. Ils dominent en innovations et en recherche-développement (R&D), exportant de la haute technologie pour fabriquer à l'étranger. Avec des frontières ouvertes, les consommateurs américains bénéficient de biens à bas prix, augmentant leur pouvoir d'achat, et les firmes américaines, notamment de services, renforcent leur compétitivité.

Cet éclairage des économistes diffère du point de vue des politiciens. La compétition électorale les pousse souvent à ne présenter qu'une partie du tableau. Donald Trump a largement utilisé l'image d'une Chine conquérante au détriment des travailleurs américains pour se faire élire en 2016, mais il a appliqué une politique inefficace sous forme de droits de douane provoquant des représailles commerciales punitives.

L'arrivée de Joe Biden a modifié la donne, bien que certaines caractéristiques des politiques de son prédécesseur aient été conservées. Joe Biden est interventionniste, protectionniste et attaché à la défense des travailleurs américains. Pour soutenir l'économie, il a fait adopter trois lois par le Congrès, dont l'IRA. Cette loi modifie le budget public des États-Unis pour 10 ans, augmentant les recettes fiscales de 73,8 milliards de dollars US par an et les dépenses publiques de 49,9 milliards de dollars US par an, réduisant le déficit public de 23,9 milliards de dollars US par an [3].

L'IRA inclut une augmentation de certaines taxes sur les entreprises, notamment une imposition minimale sur le bénéfice et une taxe sur les rachats d'actions. Concernant les dépenses, 39,1 milliards de dollars US par an sont affectés à un paquet Climat et énergie : des crédits d'impôt pour l'achat ou la production de « biens verts ». Par exemple, pour les ménages, un crédit d'impôt de 7 500 dollars US est prévu pour l'achat d'un véhicule électrique neuf et 4 000 dollars US pour des véhicules électriques d'occasion ; pour les entreprises, un crédit d'impôt à la production pouvant aller jusqu'à 15 dollars US par mégawattheure pour l'électricité décarbonée.

Cette politique est protectionniste. Par exemple, les ménages américains bénéficient du crédit d'impôt de 7 500 dollars US pour l'achat d'un véhicule électrique neuf si le véhicule a été assemblé en Amérique du Nord, si un certain pourcentage des minerais critiques nécessaires à sa fabrication vient des États-Unis ou d'un pays ayant un accord de libre-échange avec les États-Unis, et si un certain pourcentage des composants de la batterie a été fabriqué ou assemblé au sein de l'USMCA [4]. Des clauses similaires s'appliquent aux autres crédits d'impôt.

À l'Organisation mondiale du commerce (OMC), la clause de traitement national, article 3 du General Agreement on Tariffs and Trade (GATT), stipule qu'une fois la douane passée, les importations ne doivent pas être soumises à un traitement moins favorable que celui accordé aux produits d'origine nationale similaires ou semblables. Donc une voiture électrique importée de l'Union européenne (UE) doit bénéficier du même traitement fiscal et réglementaire qu'un véhicule local, une fois payés les droits de douane à l'importation aux États-Unis. L'IRA ne respecte pas cette clause de traitement national.

3. Ces chiffres sont les premières estimations des recettes et des dépenses liées à l'IRA sur 10 ans, venant du Congressional Budget Office (CBO). Ces estimations sont réévaluées régulièrement et des estimations sont aussi fournies par d'autres instituts et des grandes banques.

4. USMCA : United States, Mexico, Canada. Il s'agit de ce qu'on appelait initialement l'Accord de libre-échange nord-américain (ALENA).

Il est vrai que l'OMC ne marche que sur une seule jambe depuis quelques années : ses principes sont moins respectés, peu de négociations ont débouché sur un accord multilatéral depuis 20 ans et la procédure d'appel de son Organe de règlement des différends (ORD) est bloquée. Mais une majeure partie du commerce mondial s'effectue encore sous les règles de l'OMC et des initiatives plurilatérales tentent de remédier à ces dysfonctionnements. En outre, les règles du système commercial multilatéral sont toujours respectées par un grand nombre de pays, dont l'Union européenne.

Impact de l'IRA sur les États-Unis

Nous estimons l'impact de l'IRA, d'abord sur l'investissement dans la production de biens verts aux États-Unis, ensuite sur le plan macroéconomique, puis écologique, enfin au regard de son coût fiscal.

Impact sur l'investissement et la production d'énergies vertes

Les investissements dépendent de beaucoup de facteurs : taille économique et croissance économique du pays de destination, coûts unitaires du travail, capital humain disponible dans le pays de destination, coût de l'énergie, qualité des infrastructures de communication et de transport, facteurs institutionnels comme la qualité juridique et le respect des droits de propriété, niveau des taux d'imposition des sociétés, droits de douane. L'importance de ces déterminants varie d'un secteur à l'autre. Les prix de l'énergie jouent un rôle.

Le différentiel de ces prix de l'énergie des deux côtés de l'Atlantique est, depuis longtemps, en faveur des États-Unis. D'après une étude sur un échantillon large entre 1995 et 2014, un accroissement de 10 % du différentiel du prix de l'énergie conduit à une hausse de 3,2 % du nombre d'acquisitions d'entreprises locales dans le pays où le prix est plus avantageux [5]. L'intensité de la relation varie d'un secteur à l'autre et est plus forte dans les secteurs énergivores. En Allemagne, en octobre 2022, selon l'Association des industriels du secteur chimique, 13 % des activités industrielles de la chimie auraient été délocalisés aux États-Unis en raison des coûts plus faibles de l'énergie.

5. SAUSSAY Aurélien et SATO Misato, *The Impacts of Energy Prices on Industrial Foreign Investment Location: Evidence from Global Firm Level Data*, FAERE (French Association of Environmental and Resource Economists) *Working Paper*, n° 21, 2018. URL : http://faere.fr/pub/WorkingPapers/Saussay_Sato_FAERE_WP2018.21.pdf. Consulté le 2 juillet 2024.

Les investissements ont aussi tendance à se concentrer dans les pays dotés d'un plus grand marché local et dynamiques en termes de croissance. Les États-Unis représentent un grand marché, mais l'Union européenne et la Chine possèdent aussi ce facteur d'attractivité. En revanche, les dépenses de R&D et d'innovation sont importantes aux États-Unis, plus importantes que dans l'Union européenne. Dans certains secteurs, les activités de production se localisent à proximité des activités de R&D pour accompagner le développement des produits et favoriser la conception de nouveautés.

Les droits de douane peuvent favoriser l'investissement direct étranger dans le pays qui met en place ces droits. En effet, la création d'une usine sur place permet de vendre directement sur ce marché et d'éviter le paiement de droits de douane sur des exportations. C'est ce qu'on appelle le *tariff-jumping*. Si, en revanche, des droits de douane sont imposés sur les biens intermédiaires nécessaires à la production du bien étudié, ils ont un impact négatif.

Les clauses de contenu local de l'IRA donnent un avantage fiscal aux investisseurs dans les énergies vertes. Mais cet avantage est assorti d'une contrainte pour les producteurs : ils doivent respecter des pourcentages de composants locaux dans la production d'un bien et / ou localiser la production ou l'assemblage du bien aux États-Unis. Ces clauses de contenu local leur compliquent la tâche car elles peuvent leur demander, pour bénéficier d'une fiscalité favorable, de modifier la structure de leurs biens d'équipement et biens intermédiaires afin de respecter les critères techniques attachés. Soit ces critères ne modifient pas le processus de production d'une entreprise bénéficiant de cette fiscalité — et donc la clause de contenu local n'a aucun impact —, soit ils le modifient et cela ne peut jouer que dans le sens d'une hausse des coûts de production, sans quoi l'investisseur aurait adopté ce processus de production. Les clauses de contenu local ont donc un effet contre-productif. Ceci a été confirmé dans le secteur automobile en Amérique du Nord [6].

Dans le cas de l'IRA, non seulement les clauses de contenu local sont exigeantes, mais elles le sont de plus en plus. Ainsi, une des conditions pour que les ménages américains bénéficient d'un crédit d'impôt de 7 500 dollars US pour l'achat d'un véhicule élec-

6. HEAD Keith, MAYER Thierry et MELITZ Marc, *The Unintended Consequences of High Regional Content Requirements*, CEPII, *Working Paper*, n° 2023-06, mars 2023. URL : http://www.cepii.fr/PDF_PUB/wp/2023/wp2023-06.pdf. Consulté le 2 juillet 2024.

© Poetra.RH / Shutterstock

trique neuf est que 40 % des minerais critiques nécessaires à sa fabrication viennent des États-Unis ou d'un pays ayant un accord de libre-échange avec eux, ou ait été recyclé aux États-Unis ; ce pourcentage passe progressivement à 80 % en 2027.

Ajoutons que pour certains crédits d'impôt de base de l'IRA, sont ajoutés des bonus successifs si l'entreprise paie des salaires syndicaux, si elle est enregistrée auprès d'un programme d'apprentissage, si elle utilise de l'acier, du fer et des produits venant des États-Unis, et si le projet est situé sur une friche industrielle ou sur un site dont l'électricité est fournie par une centrale au charbon, au pétrole ou au gaz ! Les critères inclus dans la loi sont si contraignants que selon l'U.S. Treasury Department, seulement 20 % des véhicules produits aux États-Unis en 2022 et 2023 respectent tous les critères pour être éligibles au crédit d'impôt de 7 500 dollars US. Et comme la loi prévoit une augmentation de ces pourcentages seuils de contenu local, ces critères seront de plus en plus exigeants.

Ajoutons d'autres complications dans l'application de la loi rendant difficile, pour les entreprises de ces secteurs, de définir des chaînes de valeur internationales stables et précises :

1) À partir de 2024, un véhicule électrique contenant un composant de sa batterie manufacturé ou assemblé en Chine, Corée du Nord, Iran ou Russie n'est pas éligible au crédit d'impôt. Trois de ces quatre pays sont des fournisseurs importants de minerais et de pièces stratégiques pour ces batteries.

2) L'application de ce dernier critère est parfois floue, lorsque par exemple une entreprise n'est pas totalement possédée, mais seulement contrôlée, par une entité de l'un de ces quatre pays.

3) Quels sont les pays avec lesquels les États-Unis ont un accord de libre-échange ? La liste n'est pas claire car la définition de ces accords est imprécise pour le Trésor américain : un accord uniquement sur les minerais critiques est-il un accord de libre-échange ?

4) Sous la pression européenne, l'administration américaine a concédé que les voitures importées et ne respectant pas les clauses de contenu local seraient éligibles au crédit d'impôt si elles étaient vendues en *leasing* sur le sol américain. Il y aurait donc, pour les constructeurs, deux filières pour bénéficier de ces subventions, une avec des clauses de contenu local pour des voitures vendues de manière traditionnelle, une autre sans pour des voitures vendues en *leasing*.

5) Une telle décision d'investissement se fait sur un calcul à long terme. L'incertitude politique sur la présidentielle de novembre 2024 peut donc affecter les investisseurs : le candidat Trump a annoncé en effet sa volonté d'abroger l'IRA.

L'IRA a en outre mis en place un taux de taxation minimum des bénéfices de 15 % pour les entreprises faisant plus d'un milliard de dollars US de bénéfice par an et les compagnies multinationales ayant des filières aux États-Unis. Ces dispositions diminuent bien évidemment l'attractivité du pays comme destination d'investissement.

Il y a, depuis début 2022, une augmentation des investissements dans les filières vertes aux États-Unis. En janvier 2022, donc sept mois avant le vote de la loi, la construction de 13 usines de batteries pour véhicules électriques de taille importante avait été lancée aux États-Unis [7]. Les entreprises qui ont initié cet investissement avant le vote de l'IRA ont donc bénéficié d'un effet d'aubaine [8]. Selon l'American Clean Power Association, on a annoncé la création de 83 usines dans le secteur manufacturier depuis août 2022, parmi lesquelles plus de 50 produisent des biens d'équipement dans l'énergie solaire. Le secteur de l'éolien, mais aussi les batteries et les véhicules électriques et leurs biens intermédiaires concentrent le reste de ces investissements. En 2023, environ 270 milliards de dollars US d'investissements dans l'énergie propre auraient été initiés aux États-Unis, un montant équivalent aux sept années précédentes d'investissement.

Il y a, aux États-Unis comme ailleurs, une expansion de ces filières. L'IRA a pu accélérer ce processus, mais il est difficile d'établir une évaluation de son impact aujourd'hui. Ces investissements auraient

7. BOWN Chad P., *Industrial Policy for Electric Vehicle Supply Chains and the US-EU Fight over the Inflation Reduction Act*, Peterson Institute for International Economics (PIIE), *Working Paper*, n° 23-1, mai 2023. URL : https://www.piie.com/sites/default/files/2023-05/wp23-1.pdf. Consulté le 2 juillet 2024.

8. Le vote de l'IRA a été une surprise pour la plupart des commentateurs politiques. On peut donc penser que les entreprises qui ont fait ces investissements n'anticipaient pas le passage de la loi.

Graphique 1. **Origine des véhicules vendus par pays en 2022** (en % des ventes totales)

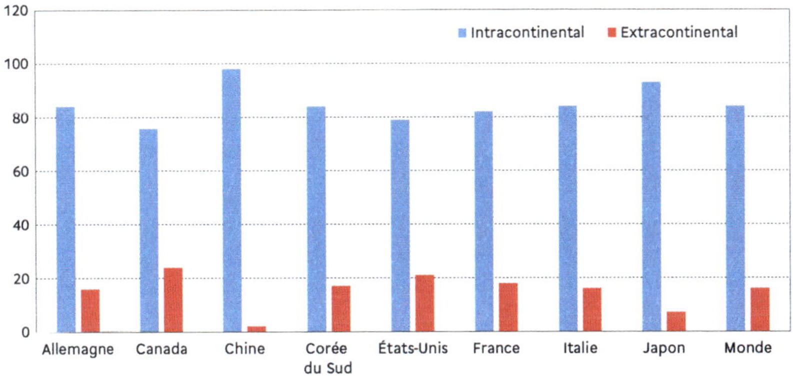

Source : IHS-Markit ; et MAYER Thierry, VICARD Vincent et WIBAUX Pauline, « Will Chinese Auto Export Boom Transform into Local Production in Europe? », *Policy Brief*, n° 45, juin 2024, CEPII. URL : http://www.cepii.fr/PDF_PUB/pb/2024/pb2024-45.pdf. Consulté le 2 juillet 2024.

pu se réaliser même sans l'IRA. En effet, les États-Unis présentent des atouts importants pour les investisseurs : taille du marché local, prix de l'énergie, qualité des infrastructures de transport et de communication, dynamisme de sa croissance économique, proximité d'une importante activité de R&D. Ajoutons que les importations d'automobiles aux États-Unis sont taxées à hauteur de 2,5 % et de 25 % pour les *pick-ups*. Ces droits de douane ont été augmentés de 25 points de pourcentage en 2018, puis de 100 points de pourcentage en 2024. Si des constructeurs chinois veulent exporter depuis la Chine vers les États-Unis, ils doivent donc aujourd'hui payer un droit de douane très élevé à la frontière américaine. L'argument du *tariff-jumping* joue ici à plein, et les constructeurs chinois devraient investir dans des usines en Amérique du Nord et profiter de l'accord USMCA — qui exempte de droits de douane les flux de marchandises entre les trois pays — pour fabriquer leurs véhicules électriques, par exemple au Mexique, et approvisionner depuis ces sites de production l'intégralité du marché nord-américain.

Le secteur de l'automobile est caractérisé par la faiblesse des flux commerciaux intercontinentaux : entre 80 % et 85 % des ventes se font à partir d'usines implantées sur le même continent (graphique 1). Par exemple, le marché européen est approvisionné à partir d'usines localisées en Europe. La production de véhicules électriques est naissante et d'importantes reconfigurations du secteur devraient être à l'œuvre dans les prochaines années. Mais les statistiques disponibles pour le secteur jusqu'à la fin 2023 confirment ce point. Au total, une partie significative des créations d'usines dans le secteur aurait pu se réaliser sans les subventions offertes par l'administration Biden. Les industriels ont donc bénéficié d'un effet d'aubaine : profiter de ces crédits d'impôt offerts aux ménages, ce qui a amplifié la demande adressée à l'industrie locale. Les finances publiques des États-Unis ont ainsi pu être mises à contribution de manière excessive.

Apprécier l'impact de l'IRA sur les investissements dans les filières vertes nécessite donc de mesurer différents effets et d'avoir un recul statistique important. En effet, certains investissements se seraient faits sans l'IRA (l'IRA est alors une aubaine) ; d'autres ont été provoqués par l'IRA. Dans cette seconde catégorie, soit ces investissements se font au détriment d'investissements dans un autre pays (l'IRA a détourné la destination d'un investissement au bénéfice des États-Unis), soit ils ne se font pas au détriment d'investissements ailleurs et l'IRA n'est pas pénalisant pour l'industrie des autres pays, et renforce donc la lutte contre le changement climatique. Les économistes ne disposent pas de données économiques sur période suffisamment longue pour évaluer aujourd'hui ces différents effets.

Les clauses de contenu local peuvent avoir un effet de réindustrialisation des États-Unis, mais cela signifie que l'objectif de la loi n'est pas uniquement la lutte contre le changement climatique. Si cela avait été le cas, l'administration américaine aurait laissé la liberté aux entreprises du pays de choisir leur processus de production, et aux consommateurs de sélectionner leur voiture électrique. Interdire des composants de la Chine, de la Corée du Nord, de l'Iran et de la Russie peut aussi jouer dans le sens de la sécurité nationale américaine, mais cela affaiblit l'efficience du dispositif. D'autres pays ont aussi mis en place des règles de contenu local, mais celles-ci sont particulièrement exigeantes dans le cas américain.

Impact macroéconomique

L'impact macroéconomique de l'IRA devrait être positif, mais faible. Positif car c'est une loi qui stimule l'offre. Mais faible car cet effet se concentre dans quelques filières industrielles de l'économie américaine — qui est dominée par les services. Cette conclusion a été confirmée par une étude récente [9] qui, en revanche, met en

9. Bistline John, Mehrota Neil R. et Wolfram Catherine, « Economic Implications of the Climate Provisions of the Inflation Reduction Act », *Brookings Papers on Economic Activity*, vol. 1, printemps 2023, p. 77-157. URL : https://www.brookings.edu/wp-content/uploads/2024/01/16653-BPEA-SP23_WEB_Bistline-et-al-session_print.pdf. Consulté le 2 juillet 2024.

évidence un impact substantiel dans les seules filières énergétiques. Comme nous le montrons plus bas, la stimulation budgétaire est faible en proportion du PIB — entre 0,2 % et 0,5 % — et si les subventions se multiplient, il y a un risque de dérapage du déficit public et donc de pression à la hausse sur les taux d'intérêt.

Impact sur l'environnement

L'aspect éminemment positif de l'IRA est évidemment que cette loi est en mesure de réduire significativement la consommation de produits polluants dans la première économie du monde. Cette dépollution permet d'espérer une réduction des émissions de gaz à effet de serre de 45 % environ en 2035 par rapport à 2005. C'est là une conséquence qui bénéficie au monde entier en ralentissant le changement climatique. L'IRA peut aussi réduire la pollution locale aux États-Unis et donc améliorer la qualité de l'air, avec des effets positifs significatifs sur la santé et la productivité.

Coût fiscal de l'IRA, de la Bipartisan Infrastructure Law *(BIL) et du* CHIPS Act

L'IRA a été voté peu de temps après l'adoption, en novembre 2021, de l'*Infrastructure Investment and Jobs Act*, appelé aussi *Bipartisan Infrastructure Law* (BIL), et du *CHIPS and Science Act* (ou *CHIPS Act*) [10] adopté le 9 août 2022.

Avec un budget annuel de 120 milliards de dollars US pendant 10 ans, soit 0,6 % du PIB américain de 2022, la BIL prévoit une amélioration des infrastructures de transport des États-Unis (routes nationales, autoroutes, transports, chemins de fer, transport de produits dangereux...), de l'accès Internet, de la qualité de l'eau, et le renouvellement des réseaux électriques.

Avec un budget annuel de 27,8 milliards de dollars US pendant 10 ans, soit 0,1 % du PIB américain de 2022, le *CHIPS and Science Act* est une loi soutenant la recherche et les innovations dans les secteurs de haute technologie, notamment les secteurs vitaux pour la sécurité nationale : intelligence artificielle, semi-conducteurs, ordinateurs quantiques, biotechnologie...

Concernant l'IRA, les estimations initiales du coût de l'IRA pour les finances publiques étaient de 391 milliards de dollars US sur 10 ans pour le financement des activités dans les filières vertes.

10. Où *CHIPS* qui signifie « puces » en anglais est également, ici, l'acronyme de *Creating Helpful Incentives to Produce Semiconductors* (NDLR).

Tableau 1. **Coût lié aux trois grandes lois budgétaires américaines de l'administration Biden**
(en milliards de dollars US et %)

	Sur 10 ans	Par an en moyenne	En % du PIB de 2022
Inflation Reduction Act	391 à 1 000	39,1 à 100	0,2 à 0,5
CHIPS and Science Act	278	27,8	0,1
Bipartisan Infrastructure Law	1 200	120	0,6
Total	**1 869 à 2 478**	**186,9 à 247,8**	**0,9 à 1,2**

N.B. : nous ne prenons ici en compte que la partie « Climat et énergie » pour l'IRA car le reste de l'augmentation des dépenses publiques concerne la santé et est estimé par an à 0,05 % du PIB américain.

Source : calculs de l'auteur à partir de différentes sources.

Une estimation récente (avril 2023) du Joint Committee on Taxation réévalue le coût à 515 milliards de dollars US sans inclure les crédits d'impôt pour l'achat de véhicules électriques. D'autres estimations concluent à une facture plus élevée.

Nous indiquons un coût total de 1 000 milliards de dollars US sur 10 ans dans le tableau 1 pour uniquement l'IRA. Les trois lois, IRA, BIL et *CHIPS Act*, prévoient une augmentation des dépenses publiques équivalant à une part comprise entre 0,9 % et 1,2 % du PIB américain de 2022, par an, sur les années comprises entre 2023 et 2032 (tableau 1).

Concernant les partenaires des États-Unis, un questionnaire de grande échelle auprès des experts économiques les plus influents dans le monde (1 300 experts dans 130 pays) conclut qu'il n'y a pas de crainte majeure de baisse des investissements dans les filières vertes au détriment des partenaires et au bénéfice des États-Unis, dans la grande majorité des pays : 75 % de ces experts ne pensent pas que l'IRA représente un danger important pour leur économie [11]. Mais les points de vue diffèrent significativement d'un pays à l'autre. En Europe, particulièrement en France et surtout en Allemagne, les craintes d'un impact négatif de l'IRA sur le(s) pays sont beaucoup plus marquées.

Il y a une différence d'approche entre l'UE et les États-Unis. L'UE a choisi de donner un prix au carbone, ce qui constitue la meilleure approche, selon les économistes, pour traiter une externalité néga-

11. GRÜNDLER Klaus *et alii*, *The Global Impact of the U.S. Inflation Reduction Act: Evidence from an International Expert Survey*, Munich : CESifo Institute (*EconPol Policy Report* n° 41), juin 2023. URL : https://www.cesifo.org/DocDL/EconPol-PolicyReport_41_1.pdf. Consulté le 2 juillet 2024.

tive (les émissions de carbone). C'est le principe du pollueur-payeur qui fait que, pour chaque agent, l'externalité négative que dégage son activité est internalisée. Il doit alors, de lui-même, réduire ses émissions de carbone pour payer moins de taxes. Et la réduction des émissions de carbone s'accompagne de recettes publiques qui peuvent être redistribuées. C'est la meilleure stratégie en termes de bien-être ou de revenu réel. Le prix du carbone a aussi l'avantage de stimuler l'innovation verte et il permet aux consommateurs d'agir naturellement pour le climat [12].

L'approche des États-Unis subventionne au contraire l'adoption de comportements non polluants, n'émettant pas de carbone. Cette politique est donc coûteuse en termes de finances publiques et nécessite de prélever simultanément des impôts ou taxes, potentiellement distorsifs, ou de recourir à l'emprunt, ce qui augmente les taux d'intérêt et nécessitera plus tard d'accroître les impôts ou les taxes. L'approche américaine, par les subventions, encourage en outre la consommation de biens non polluants, au détriment des biens polluants, dont la consommation baisse. Avec une taxation des biens polluants, la baisse de la consommation de biens polluants est plus forte car l'effet est direct.

Le choix des États-Unis suit l'adoption de subventions des filières vertes en Chine (panneaux solaires, éoliennes, véhicules électriques) et précède la même stratégie dans d'autres pays, comme le Japon, la Corée du Sud ou l'Australie (représailles). Cette course aux aides des filières vertes impliquera nécessairement un excès de subventions au niveau international. Cela pourrait faciliter la diminution des émissions de carbone dans les autres pays du monde par l'importation de ces biens excessivement subventionnés, donc moins chers. C'est un effet positif de cette course aux subventions.

Perspectives de l'économie étatsunienne

Il est difficile d'esquisser une analyse des perspectives de croissance économique des États-Unis dans les prochaines années pour deux raisons. *Primo*, certaines caractéristiques de l'économie américaine sont très favorables, d'autres défavorables à un soutien dynamique de l'activité. *Secundo*, le choix que les électeurs américains feront en novembre 2024, lors de l'élection présidentielle, pourrait affecter de manière significative la trajectoire de cette économie.

12. BLANCHARD Olivier et TIROLE Jean, *Les Grands Défis économiques*, rapport de la Commission internationale Blanchard-Tirole, 2021. URL : https://www.strategie.gouv.fr/sites/strategie.gouv.fr/files/atoms/files/fs-2021-rapport-les_grands_defis_economiques-juin_0.pdf. Consulté le 2 juillet 2024.

Les facteurs favorables

La croissance économique aux États-Unis est en tendance longue plus rapide qu'en Allemagne ou en France. Sur 25 ans (1999-2022), le taux de croissance moyen du PIB réel est de 2,1 % aux États-Unis contre 1,4 % en France et 1,2 % en Allemagne. Les États-Unis sont, avec le Canada, le pays du G7 affichant le taux de croissance le plus élevé sur la période. La croissance est plus forte en Chine, mais ce pays part d'un niveau de PIB par habitant beaucoup plus faible.

L'économie américaine présente deux caractéristiques favorables. D'abord, sa flexibilité, sa capacité à absorber les chocs. Ainsi, sur les 25 dernières années, l'économie mondiale a connu deux chocs majeurs : la grande crise financière de 2008-2009 et la pandémie de la Covid-19 en 2020-2021. Parmi les pays du G7, les États-Unis ont mieux traversé ces deux crises majeures, leur PIB ne baissant, lors de la grande crise financière, que de 1,2 % alors que les diminutions atteignaient 2,4 % en Allemagne, 3,5 % au Japon, 1,3 % en France. En 2020-2021, les États-Unis ont enregistré une croissance moyenne de 1,5 % de leur PIB contre des baisses de 0,9 % au Japon, 0,8 % en France ou 0,4 % en Allemagne (graphique 2).

Ensuite, les États-Unis sont un pays qui innove, et ces innovations accélèrent la croissance économique nationale. Leurs succès en la matière sont bien connus : intelligence artificielle, téléphonie portable, médias sociaux, véhicules électriques, lance-satellites, équipement militaire, vaccins... Les facteurs de ces succès ont été identifiés : les meilleures universités se trouvent aux États-Unis, elles forment des acteurs qui innovent (l'innovation accélère la croissance économique [13]). Elles attirent aussi des travailleurs immigrés qui créent davantage de *start-ups* [14]. En outre, les dépenses de R&D dans les secteurs privé et public sont plus importantes aux États-Unis : 3,4 % du PIB en moyenne sur 2019-2021 (derniers chiffres disponibles) contre 3,1 % en Allemagne, 2,4 % en Chine, 2,2 % en France. Les États-Unis savent mobiliser des sommes énormes sur des grands projets scientifiques (via notamment la DARPA / Defense Advanced Research Projects Agency), le dernier exemple ayant permis les découvertes rapides des vaccins contre la Covid-19 par les sociétés Moderna et Pfizer avec l'utilisation

---

13. GROSSMAN Gene M. et HELPMAN Elhanan, *Innovation and Growth in the Global Economy*, Cambridge, Mass. : MIT Massachusetts Institute of Technology) Press, 1993.

14. PERI Giovanni, « The Contribution of Foreign Graduates to Start-up Firms in the US », *Keynote Lecture* n° 4 de la première conférence « European Workshop on the Macroeconomic Implications of Migration », Paris, PSE (Paris School of Economics)-CEPII, 14-15 juin 2024.

Graphique 2. **Croissance économique de l'Allemagne, des États-Unis et de la France, 1999-2022** (en % du PIB)

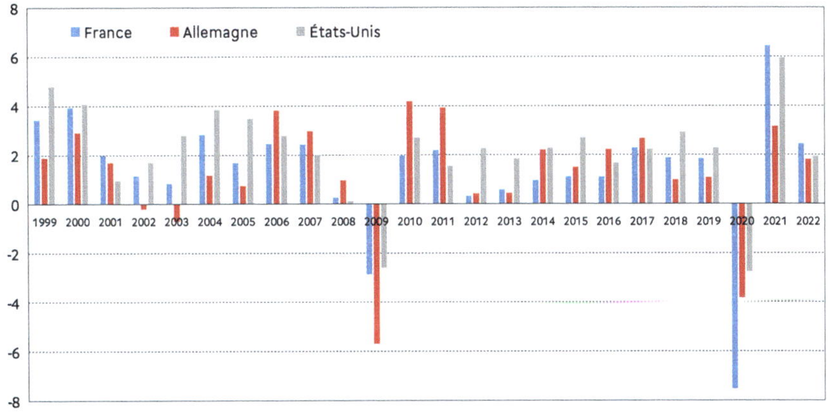

Source : World Development Indicators (Banque mondiale) et calculs de l'auteur.

des molécules d'ARN (acide ribonucléique) messager. L'accès au financement est facile aux États-Unis, beaucoup plus que dans l'UE, ce qui favorise la transformation d'inventions en applications industrielles.

Des facteurs négatifs pour la dynamique future

La victoire possible de Donald Trump à l'élection présidentielle du 5 novembre 2024 fait courir deux risques à l'économie américaine.

• D'abord le risque d'une guerre commerciale mondiale initiée par les États-Unis : le candidat a affirmé vouloir mettre en place, dès son arrivée au pouvoir, une augmentation de 10 points de pourcentage des droits de douane sur tous les produits en provenance de tous les partenaires des États-Unis, avec un traitement spécial des importations en provenance de Chine, dont la taxation à la frontière serait accrue de 60 points de pourcentage sur chaque produit.

Le CEPII a construit le modèle MIRAGE (*Modelling International Relationships in Applied General Equilibrium*) de l'économie mondiale, qui est particulièrement adapté pour évaluer ce type de politique. Nous avons simulé l'adoption de ce scénario. Mais comme des représailles sont probables, nous étudions la mise en place de cette politique commerciale américaine en y ajoutant des représailles de tous les partenaires des États-Unis sous la forme d'une augmentation de leurs propres droits de douane vis-à-vis des États-Unis, augmentation identique à celle qu'ils ont subie : c'est notre second scénario. Nous comparons ces deux scénarios à une référence,

Tableau 2. **Impact du scénario 2 sur le commerce bilatéral de biens en volume à l'horizon 2035** (en %)

Exportateur \ Importateur	Canada	Chine	AELE*	UE	Japon	Corée du Sud	Mexique	Afrique subsaharienne	Royaume-Uni	États-Unis
Canada	0,0	5,3	- 1,3	1,0	2,2	2,5	9,3	0,9	1,7	- 19,5
Chine	26,5	0,0	6,6	6,9	5,8	6,2	23,5	4,9	7,1	- 79,9
AELE*	21,1	- 4,0	1,2	1,8	2,0	1,7	15,4	0,3	2,4	- 14,5
UE	17,6	- 2,9	1,1	1,1	1,1	1,0	14,0	- 0,3	0,9	- 11,3
Japon	28,9	- 2,2	2,6	2,0	0,0	1,5	17,0	0,2	1,8	- 10,7
Corée du Sud	29,6	- 2,5	2,9	1,7	0,8	0,0	17,2	- 0,2	1,5	- 6,3
Mexique	14,7	- 7,5	- 1,3	- 2,5	- 1,1	2,1	0,0	4,5	- 0,7	- 14,0
Afrique subsaharienne	5,7	- 0,7	1,8	0,9	0,7	1,0	9,9	0,2	1,7	- 12,9
Royaume-Uni	12,7	- 2,8	1,1	1,1	0,8	0,8	12,4	- 0,1	0,0	- 9,1
États-Unis	- 29,4	- 70,4	- 24,4	- 25,0	- 26,4	- 28,6	- 30,4	- 19,2	- 19,5	0,0

*AELE = Association européenne de libre-échange, dont sont membres l'Islande, le Liechtenstein, la Norvège et la Suisse.

N.B. : les taux de variation du commerce bilatéral en volume sont obtenus en comparant, en 2035, le scénario 2 au scénario de référence.

Source : calculs des auteurs à partir du modèle MIRAGE du CEPII.

un « *business as usual* », c'est-à-dire une évolution tendancielle de l'économie mondiale, sans guerre commerciale. Ces comparaisons se font à l'horizon 2035.

À cette date, le commerce mondial de biens serait inférieur en volume de 3,8 % dans le premier scénario, de 6 % dans le second. C'est bien le second scénario qui serait le plus coûteux pour l'économie mondiale dont le PIB baisserait en termes réels de 0,7 %. Les États-Unis pâtissent de leur choix politique : moins 1,5 % de PIB annuel en 2035 dans le premier scénario, mais cette baisse de PIB est plus importante en cas de représailles des partenaires : moins 2,3 %. Les diminutions de PIB sont faibles pour l'Union européenne.

Pour réaliser l'effet qu'aurait une telle guerre sur la géographie du commerce mondial, le tableau 2 présente l'impact de ce second scénario sur le commerce bilatéral de biens.

Cette guerre commerciale provoquerait un véritable découplage entre les États-Unis et la Chine en matière de commerce de biens. Les exportations en volume des États-Unis vers la Chine baisseraient de 70,4 % et celles de la Chine vers les États-Unis de 79,9 %. La Chine réorienterait ses exportations de biens vers le Canada (+ 26,5 %), le Mexique (+ 23,5 %), le Royaume-Uni (+ 7,1 %), l'Union européenne (+ 6,9 %), l'AELE (+ 6,6 %). Les relations commerciales entre le Canada et le Mexique s'intensifieraient, les exportations de l'Union européenne et de l'AELE se réorienteraient vers le Canada et le Mexique.

Un élément non pris en compte dans cette modélisation est l'impact de la déconsolidation, de fait, des droits de douane sur l'investissement dans les infrastructures de commerce. En effet, la consolidation des droits de douane impliquée par l'appartenance d'un pays à l'OMC, c'est-à-dire la fixation d'un droit de douane maximum payé par un exportateur pour son accès à un marché, garantit à un opérateur commercial le coût maximum qu'il a à payer pour faire franchir une frontière à son produit, lui permettant de vérifier si un investissement dans un nouveau réseau commercial est profitable ou non. Les augmentations simulées de droit de douane feraient passer les droits de douane réellement appliqués au-dessus des droits de douane consolidés : une déconsolidation de fait. Nul doute que les opérateurs commerciaux s'accommoderaient mal de cette incertitude. Avec une plus grande variabilité potentielle des droits de douane futurs, les investissements dans les infrastructures de commerce devraient diminuer.

On peut aussi imaginer les tensions politiques fortes qu'entraînerait ce cycle de décisions protectionnistes et de représailles : par exemple, l'Union européenne augmenterait le volume de ses importations en provenance de Chine de 6,9 % et baisserait le volume de ses exportations vers ce pays de 2,9 % (tableau 2), creusant un déficit bilatéral déjà substantiel. Un cas de figure similaire se présenterait pour les pays de l'AELE, ainsi que la Corée du Sud, le Japon, le Mexique et le Royaume-Uni. Ces tensions politiques bilatérales pourraient alimenter de nouvelles décisions protectionnistes.

• Le second risque est un risque politique qui peut avoir un coût économique substantiel. Des études récentes d'économistes, basées sur des statistiques détaillées en termes de couverture géographique et temporelle, concluent à un coût macroéconomique significatif en cas de gouvernement populiste.

Les populistes sont des femmes et hommes politiques qui basent leur rhétorique sur l'opposition entre le peuple et les élites. Le populisme de droite se distingue de celui de gauche : le premier type met l'accent sur les questions d'identité et de culture, et fait de la lutte contre l'immigration la priorité ; le second type privilégie les questions économiques, et considère que la lutte contre la libéralisation financière et contre les inégalités de revenu et de patrimoine doit être privilégiée. Donald Trump correspond bien au populisme de droite.

Les populistes veulent mettre en place des politiques simples, sans se soucier des contraintes financières et sans le regard d'une expertise évaluant la faisabilité de ces politiques. Il en résulte une baisse des performances économiques et une détérioration de la qualité de la bureaucratie. Une étude récente sur 1 500 gouvernements depuis 1900 conclut à un effet négatif d'un gouvernement populiste sur la croissance économique d'un pays [15] : en 15 ans, le PIB par habitant diminue de 10 % (soit une baisse moyenne annuelle de 0,7 %). Cela passe par moins d'intégration dans l'économie mondiale, des politiques macroéconomiques non soutenables (accroissement de la dette et de l'inflation) et une érosion des institutions (corruption, diminution des contrepoids démocratiques, moindre indépendance de la justice et de la presse, administration moins compétente).

*
* *

L'IRA aura-t-elle un effet d'entraînement sur l'économie américaine ? L'effet macroéconomique de cette loi sur l'activité américaine sera positif, mais faible. Cet effet sera positif car le but de l'IRA est une stimulation de l'offre dans les filières vertes. Donc, contrairement à une approche par la taxation des produits polluants, l'impact de l'IRA sur l'activité est positif. Mais il est faible car cette loi se concentre sur quelques secteurs de l'économie américaine et la stimulation budgétaire est annuellement d'un montant réduit. L'IRA constitue, en revanche, une excellente nouvelle en ce qui concerne la lutte contre le changement climatique.

Si l'IRA n'a pas un effet très important sur l'activité économique, d'autres décisions politiques pourront se révéler significativement négatives pour les États-Unis, comme l'adoption d'une politique vraiment protectionniste ou l'arrivée au pouvoir d'un gouvernement populiste. L'échéance présidentielle de novembre 2024 est cruciale, pour les États-Unis et pour le monde. ■

---

15. FUNKE Manuel, SCHULARICK Moritz et TREBESCH Christoph, « Populist Leaders and the Economy », *American Economic Review*, vol. 113, n° 12, décembre 2023, p. 3249-3288.

Automobile : vers un *leadership* chinois ?

Les constructeurs chinois à l'assaut du marché mondial

Par Antoine Le Bec [1]

Dans le cadre de sa lutte contre le changement climatique, l'Union européenne a mis en place une politique de transition énergétique ambitieuse, dans laquelle figure notamment la fin de la vente de véhicules thermiques neufs à compter de 2035, les voitures à moteur thermique devant progressivement être remplacées par des voitures électriques. Les constructeurs automobiles européens ont entamé leur conversion à marche forcée, mais la Chine a une longueur d'avance et fait l'objet de vives discussions à l'international, accusée de pratiquer une concurrence déloyale sur ce marché. Les États-Unis comme l'Europe resserrent leur régime douanier pour contrebalancer l'offensive des constructeurs chinois, mais où en est véritablement le marché des véhicules électriques ? En quoi consistent la stratégie des constructeurs chinois et la politique industrielle et commerciale de Pékin sur ce marché ? Cette offensive industrialo-commerciale est-elle réellement inquiétante pour les constructeurs européens ? Ne constitue-t-elle pas une bonne nouvelle pour la transition écologique ?

Antoine Le Bec présente ici en détail la manière dont la Chine a investi le marché du véhicule électrique pour répondre à sa demande intérieure et réduire ses émissions, en soutenant ses constructeurs nationaux, puis développé une stratégie d'exportation dynamique. Il remet les chiffres en perspective, relativisant la part des échanges intercontinentaux de voitures, notamment en Europe. Toutefois, il pointe l'élargissement de la stratégie chinoise à l'ensemble de la chaîne de valeur du véhicule électrique (minerais, batteries…) et les investissements réalisés en ce sens, et examine les stratégies adoptées en réponse par les constructeurs non chinois. Il propose enfin trois pistes d'évolution possible des relations commerciales dans le secteur automobile à l'horizon 2035. S.D.

1. Chargé d'études à Futuribles. La rédaction de cet article a été achevée le 12 juillet 2024.

En juin 2024, la Commission européenne livrait les premières conclusions de son enquête sur les pratiques de subvention du gouvernement chinois aux producteurs et assembleurs de véhicules électriques situés sur son territoire. Estimant que la nature et le niveau de ce soutien constituent une distorsion à la concurrence libre et non faussée sur les marchés européens, la Commission adoptait provisoirement une hausse massive des tarifs douaniers, qui atteindraient entre 30 % et 50 % du prix des véhicules importés en fonction des constructeurs (contre 10 % aujourd'hui).

Ces mesures protectionnistes s'appliquent tant aux marques chinoises qu'aux producteurs et assembleurs étrangers qui opèrent en Chine dans le cadre de *joint-ventures*. En revanche, les marques chinoises produisant hors de Chine ne seraient pas soumises à ces tarifs.

Cette décision de la Commission s'inscrit dans la lignée de celle prise par le président américain Joe Biden d'augmenter massivement les tarifs douaniers sur un ensemble de produits et composants chinois jugés stratégiques pour les transitions énergétique et numérique. Les importations de véhicules électriques y sont soumises à des tarifs douaniers importants (100 %), tout comme celles des batteries et métaux utilisés pour leur production (jusqu'à 25 %). Cette décision s'ajoute aux dispositions relatives à l'*Inflation Reduction Act*, qui conditionne l'octroi de généreux crédits d'impôt à la production de technologies bas-carbone en Amérique du Nord et à des clauses de contenu local des composants (plus de 40 % de la valeur produite domestiquement) [2].

Si la Commission semble, avec cette hausse des tarifs douaniers, s'aligner sur la position américaine de rétorsions commerciales croissantes vis-à-vis de la Chine, les motivations de cette décision divergent en raison d'un contexte commercial et industriel nettement différent. Les importations américaines de véhicules électriques (VE) de marque chinoise sont aujourd'hui insignifiantes. Les échanges ont été d'autant plus pénalisés depuis les tarifs douaniers mis en place lors du mandat de Donald Trump (25 %). Par ailleurs, les constructeurs américains sont nettement moins dépendants de la Chine dans leurs investissements, si l'on exclut le cas de Tesla, seul constructeur étranger disposant d'une usine de production en Chine (sans *joint-venture*).

2. Sur cet aspect, voir l'article d'Antoine Bouët, « Perspectives économiques des États-Unis. L'*Inflation Reduction Act* : quels effets d'entraînement ? », en p. 33 de ce numéro.

Graphique 1. Évolution de la part des véhicules à batterie électrique provenant de Chine dans les ventes de l'UE : répartition par marques, et projection à 2027

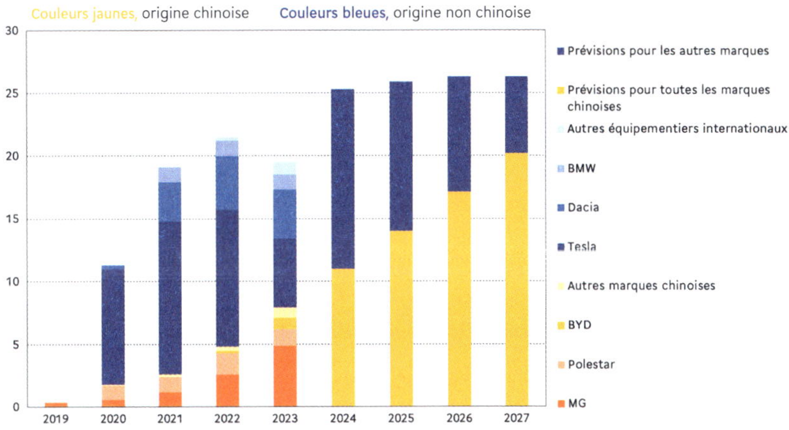

Source : « How Europe Can Use Tariffs as Part of an Industrial Strategy », *op. cit.*

Au contraire, la part des véhicules importés de Chine dans les ventes de VE à batterie dans l'Union européenne (UE) a nettement augmenté ces dernières années. Quasi nulle en 2019, elle a atteint 20 % en 2023. Près d'un tiers de ces véhicules importés de Chine étaient de marque chinoise, une part en forte croissance. L'association Transport & Environment estime dans ses projections que les modèles de marque chinoise pourraient atteindre 20 % des ventes de VE à batterie de l'UE en 2027 [3]. Plus exposés à la concurrence chinoise, les constructeurs européens ont également davantage investi que les constructeurs historiques américains dans des *joint-ventures* avec les entreprises chinoises, pour produire ou assembler des véhicules à destination du marché local ou pour l'export.

Les tarifs douaniers proposés par la Commission ne sont pas le résultat d'une procédure formelle déclenchée auprès de l'Organisation mondiale du commerce (OMC). L'institution reste toujours paralysée par le blocage américain de la nomination des juges siégeant à l'Organe d'appel, qui rend ineffectif le mécanisme de règlement des différends commerciaux. Toutefois, la Commission européenne justifie sa décision en faisant référence aux principes

3. « How Europe Can Use Tariffs as Part of an Industrial Strategy », Transport & Environment, 27 mars 2024. URL : https://www.transportenvironment.org/articles/how-europe-can-use-tariffs-as-part-of-an-industrial-strategy/. Consulté le 5 juillet 2024.

de défense du libre-échange et d'une concurrence internationale non faussée. Ainsi, elle estime agir dans le respect des principes du multilatéralisme. Schématiquement, le règlement de l'OMC envisage trois cas d'exceptions permettant de mettre en place des tarifs douaniers ciblant spécifiquement un pays :

• La lutte contre le *dumping* commercial, lorsqu'un produit exporté est vendu à un prix nettement plus faible sur les marchés extérieurs que sur le marché domestique, ou lorsque ce produit est vendu à perte.

• La mise en place de tarifs douaniers visant à compenser des pratiques de subventions spécifiques à certaines entreprises ou industries, à même de constituer une distorsion concurrentielle sur les marchés internationaux (*antidumping*).

• Des mesures d'urgence de restriction temporaire des importations, dans un contexte où une hausse rapide des importations d'un produit, en valeur absolue ou relativement à l'ensemble des importations, menace l'industrie domestique d'un pays.

Quel que soit le motif invoqué, les règles de l'OMC affirment qu'il doit être justifié par une enquête transparente, visant à prouver le préjudice actuel ou imminent pour l'industrie domestique. Un principe de proportionnalité doit s'appliquer dans les mesures de rétorsion prises pour compenser ce préjudice [4].

La démarche de la Commission s'inscrit dans cette logique. Le niveau des droits de douane est lié au volume de subventions dont bénéficie chaque constructeur, que la Commission a cherché à estimer dans le cadre d'une démarche coopérative. Trois constructeurs chinois ont fait l'objet d'une enquête spécifique. BYD (Bǐyàdí), le premier vendeur de véhicules électriques dans le monde avec Tesla, serait soumis à un tarif de 27 %. Ces tarifs atteindraient respectivement 30 % et 48 % pour Geely et SAIC (Shanghai Automotive Industry Corporation), cette dernière étant l'une des quatre entreprises automobiles dont l'État chinois possède une part du capital. D'autres constructeurs automobiles ont collaboré à cette enquête mais n'ont pas fait l'objet d'une enquête individuelle. Dans ce cas, le tarif applicable provisoirement est fixé à 30 %. C'est le cas notamment des constructeurs européens présents en Chine dans le cadre de *joint-ventures* (Dacia, BMW...). Enfin, pour les construc-

4. « Mesures *antidumping*, subventions, sauvegardes : faire face à l'imprévu », OMC. URL : https://www.wto.org/french/thewto_f/whatis_f/tif_f/agrm8_f.htm. Consulté le 10 juillet 2024.

teurs n'ayant pas collaboré à cette démarche, les droits de douane atteindraient 50 % [5].

En réaction, le porte-parole du ministère chinois du Commerce a déclaré que son pays « se réserve le droit de déposer une plainte auprès de l'OMC, et prendra toutes les mesures nécessaires pour défendre fermement les droits et intérêts légitimes des entreprises chinoises [6] ». Les constructeurs chinois appellent au retour de tarifs douaniers à 25 % sur les importations de véhicules thermiques européens les plus lourds, qui avaient été abaissés à 15 % ces dernières années [7]. La première réponse officielle de Pékin a été le déclenchement d'une enquête *antidumping* sur les importations de produits porcins depuis l'UE [8].

La hausse des tarifs douaniers proposée par la Commission pourrait devenir définitive en novembre 2024, en cas d'accord à la majorité qualifiée entre les États membres du Conseil de l'UE. Les constructeurs allemands apparaissent particulièrement vulnérables et sont en première ligne dans la contestation de l'escalade des mesures protectionnistes de la Commission envers la Chine : un tiers des exportations de voitures depuis l'Allemagne est destiné à la Chine. Au contraire, la France défend cette décision.

La menace que représenteraient les surcapacités de production de l'industrie automobile chinoise a constitué un élément central des débats sur la mise en place d'un protectionnisme accru vis-à-vis de la Chine. Qu'en est-il réellement ? Existe-il vraiment un stock massif de véhicules chinois prêts à être déversés à prix bradés sur les marchés internationaux ? Quelles régions apparaissent particulièrement menacées ? Nous proposons dans cette note de restituer quelques ordres de grandeur sur les évolutions récentes des échanges commerciaux, marquées par des changements rapides.

---

5. LIBOREIRO Jorge, « L'UE impose des droits de douane supplémentaires sur les voitures électriques chinoises », *EuroNews*, 12 juin 2024. URL : https://fr.euronews.com/my-europe/2024/06/12/lue-impose-des-droits-de-douane-supplementaires-sur-les-voitures-electriques-chinoises. Consulté le 5 juillet 2024.

6. « La Chine menace de porter plainte devant l'OMC à propos d'éventuels droits de douane punitifs de l'UE », *Zonebourse*, 13 juin 2024. URL : https://www.zonebourse.com/cours/action/BMW-AG-56358353/actualite/La-Chine-menace-de-porter-plainte-devant-l-OMC-a-propos-d-eventuels-droits-de-douane-punitifs-de-l-46965122/. Consulté le 5 juillet 2024.

7. OPLETAL Jiri, « Chinese EV Makers Proposed a 25% Tariff on Large European ICE Cars, State Media Reports », *CarNewsChina*, 19 juin 2024. URL : https://carnewschina.com/2024/06/19/chinese-ev-makers-proposed-a-25-tariff-on-large-european-ice-cars-state-media-reports/. Consulté le 5 juillet 2024.

8. CHU Mei Mei et CASH Joe, « China May Take Provisional Anti-dumping Steps against EU Pork Imports », Reuters, 20 juin 2024. URL : https://www.reuters.com/markets/china-may-take-anti-dumping-measures-against-eu-pork-imports-official-says-2024-06-20/. Consulté le 5 juillet 2024.

Le succès de la stratégie industrielle chinoise d'électrification de la mobilité

La Chine est devenue en 2023 le premier exportateur mondial d'automobiles (électriques et thermiques), dépassant les champions historiques de cette industrie que sont l'Allemagne et le Japon. Historiquement importatrice nette d'automobiles, la Chine a vu sa balance commerciale devenir positive en 2022 du fait de la réduction de la dépendance de son marché domestique aux véhicules thermiques [9].

Cette montée en puissance résulte du succès de la politique industrielle chinoise sur le véhicule électrique entamée dans les années 2000, qui se traduit aujourd'hui par une montée en gamme et une production à large échelle plus compétitive que dans les autres pays. Pékin est parvenu à renverser les rapports de force à l'œuvre sur les chaînes de valeur des automobiles à motorisation thermique, où elle partait avec un retard technologique et manufacturier important par rapport aux constructeurs historiques européens, américains et japonais. Bénéficiant de son savoir-faire acquis dans l'électronique et d'une complexité moindre du véhicule électrique par rapport au thermique, elle a structuré une filière du véhicule électrique avec une avance importante sur les autres régions.

Conséquence de cette stratégie et d'une politique de la demande ambitieuse, les ventes de VE en Chine ont été multipliées par huit depuis trois ans et pourraient atteindre neuf millions en 2024 (aux deux tiers des modèles à batterie, le reste étant des hybrides rechargeables). Plus d'une voiture électrique sur deux vendues dans le monde en 2023 l'a été en Chine, où la part de modèles électriques dans les ventes de voitures atteignait près de 40 % en 2023. Selon l'Agence internationale de l'énergie (AIE), la Chine est la seule région où le prix d'achat d'un véhicule électrique neuf a atteint, en moyenne, la parité avec un véhicule thermique équivalent (y compris sans les subventions à l'achat) [10].

Qu'en est-il des supposées surcapacités industrielles des constructeurs chinois, vivement dénoncées par la secrétaire d'État au Trésor américaine Janet Yellen ou la présidente de la Commission

9. MAZZOCCO Ilaria et SEBASTIAN Gregor, « Electric Shock: Interpreting China's Electric Vehicle Export Boom », CSIS (Center for Strategic and International Studies), 14 septembre 2023. URL : https://www.csis.org/analysis/electric-shock-interpreting-chinas-electric-vehicle-export-boom. Consulté le 10 juillet 2024.

10. AIE, *Global EV Outlook 2024: Moving towards Increased Affordability*, Paris : AIE, 2024. URL : https://iea.blob.core.windows.net/assets/a9e3544b-0b12-4e15-b407-65f5c8ce1b5f/GlobalEVOutlook2024.pdf. Consulté le 5 juillet 2024.

LES INGRÉDIENTS DE LA POLITIQUE CHINOISE SUR LE VÉHICULE ÉLECTRIQUE

L'historique des politiques industrielles chinoises relatives au véhicule électrique est brillamment documenté dans un rapport publié par la Commission européenne en avril 2024 [1]. Très tôt, le gouvernement chinois a su anticiper les bénéfices potentiels du véhicule électrique pour l'économie du pays, et a orienté en conséquence les financements et les stratégies des constructeurs vers ces technologies. Les instruments mobilisés sont multiples et s'inscrivent dans le cadre du capitalisme d'État chinois :

- **Accès à des conditions de financement préférentielles**, via la participation de l'État ou des gouvernements locaux au capital et à la gouvernance des entreprises, au financement à taux préférentiel par des banques d'État, à des programmes de fonds publics visant à développer la filière...

- **Investissements massifs dans la formation et la recherche-développement**, par la création d'écosystèmes industriels regroupant universités, instituts technologiques, entreprises industrielles..., **et une orientation des programmes de recherche vers les besoins des filières.**

- **Développement des infrastructures** de production énergétique (avec accès à un tarif préférentiel de l'énergie), des réseaux de transport et de distribution électrique, et des infrastructures de communication (pour la mobilité autonome).

- **Mise en place d'objectifs réglementaires contraignants pour les constructeurs automobiles**, visant à augmenter leur production de véhicules électriques. Un exemple emblématique est la *Dual-Credit Policy* de 2017, qui fixe des objectifs de plus en plus ambitieux de réduction des consommations énergétiques moyennes des véhicules, et d'augmentation des volumes de véhicules électriques produits et vendus par les constructeurs. Le rapport de la Commission estime que cette réglementation favorise la concentration des constructeurs automobiles et pénalise l'entrée de nouveaux acteurs sur ce marché.

- Enfin, **une politique de soutien à la demande forte**, utilisant différents outils tels que les subventions à l'achat (versées aux constructeurs, participant ainsi à faire baisser les prix), les crédits d'impôt (exemption de 10 % de la taxe à l'achat) et la commande publique, notamment pour les véhicules de transport public et les taxis. L'ensemble de ces mesures a permis d'assurer le décollage du marché intérieur chinois, sécurisant les débouchés des constructeurs et favorisant la montée en échelle de leur production. L'objectif du gouvernement central chinois est de réduire progressivement ces soutiens à la demande à mesure que le marché devient plus mature. Toutefois, la fin initialement prévue en 2024 des crédits d'impôt à l'achat a été

1. *Commission Staff Working Document [SWD] on Significant Distortions in The Economy of the People's Republic of China for the Purposes of Trade Defence Investigations*, Bruxelles : Commission européenne, SWD(2024) 91 final, 10 avril 2024. URL : https://ec.europa.eu/transparency/documents-register/api/files/SWD(2024)91_0/de00000001063016?rendition=false. Consulté le 10 juillet 2024.

repoussée à 2026. En parallèle, si les dispositifs de subvention du gouvernement central ont pris fin début 2023, ce n'est pas le cas des mécanismes mis en place à l'échelle locale (provinces...).

Ainsi, la politique industrielle chinoise se caractérise par la domination des gouvernements centraux et locaux dans l'identification des objectifs économiques et l'allocation des ressources, la logique de planification et le rôle des entreprises d'État. Ces logiques ne se limitent pas à la seule filière du véhicule électrique. L'ensemble des secteurs d'activité jugés prioritaires bénéficient d'un accès favorisé à différentes ressources, à un tarif avantageux (foncier, travail, matières premières, énergie). ■

A.L.B.

européenne Ursula von der Leyen [11] ? L'enquête de la Commission estimait que les capacités de production de VE chinois pourraient atteindre 16 millions de véhicules lors des prochaines années. Sans trancher, elle se demandait si ces usines de production pourraient tourner à pleine capacité. La situation de ralentissement économique connue en Chine depuis la Covid tend à réduire le dynamisme du marché automobile local, bien que les secteurs les plus affectés soient ceux de l'industrie lourde. La croissance de la production automobile chinoise demeure pourtant forte : huit millions de véhicules électriques ont été produits en Chine en 2023, contre 3,5 millions en 2021. Une analyse de Bloomberg basée sur les données statistiques chinoises suggère que les problématiques de surcapacités de production par rapport à la demande locale sont spécifiques à certaines industries, comme les panneaux photovoltaïques ou les batteries, et ne concernent pas les véhicules électriques, notamment sur la base des niveaux d'inventaires et des taux d'utilisation des usines [12]. À l'heure de la mondialisation, on peut s'interroger sur la pertinence de ce concept de surcapacité, d'autant plus lorsqu'il est appliqué à des produits indispensables à l'atténuation du changement climatique.

Seulement 8 % du parc de voitures chinoises était électrifié en 2023. Il reste donc de la marge avant que le marché chinois soit saturé, mais les inerties sont importantes pour le renouvellement du parc.

---

11. GILCHRIST Karen, « EU's von der Leyen Echoes Yellen's Calls for Tough Stance on Chinese Overcapacity », CNBC, 9 avril 2024. URL : https://www.cnbc.com/2024/04/09/eus-von-der-leyen-echoes-yellens-calls-for-tough-stance-on-chinese-overcapacity.html. Consulté le 10 juillet 2024.

12. HANCOCK Tom, « US-Europe Gripes on China Overcapacity Aren't all Backed by Data », Bloomberg, 3 avril 2024. URL : https://www.bloomberg.com/news/articles/2024-04-02/us-europe-gripes-on-china-overcapacity-aren-t-all-backed-by-data. Consulté le 5 juillet 2024.

Une percée à l'export récente, à relativiser par la part minoritaire des échanges intercontinentaux sur le marché automobile

Le marché des voitures est historiquement peu internationalisé. En 2022, sur les 77 millions de véhicules thermiques et électriques vendus dans le monde, un tiers était issu d'un échange commercial international. Seulement 16 % de ces véhicules étaient échangés à l'échelle intercontinentale. Le commerce de voitures électriques n'échappe pas à cette logique : seul un quart des VE était échangé à l'international en 2022. S'il ne semble pas y avoir encore de rupture observable sur cette filière émergente, ce constat peut être nuancé par la part importante qu'occupe le marché chinois, fortement autocentré [13].

Ainsi, malgré ces tendances lourdes, les tensions entre les importantes capacités de production chinoises et les transformations du marché local, soumis à une compétition intense, renforcent l'importance des débouchés sur les marchés internationaux pour les constructeurs automobiles présents en Chine. La part des exportations dans leur production de voitures est en hausse depuis la crise sanitaire. Avec un niveau d'environ 15 % en 2023, elle demeure toutefois nettement inférieure à celle d'autres régions (45 % au Japon, 68 % en Corée du Sud ou 75 % en Allemagne) [14]. Mais la démesure de l'appareil productif chinois invite à se focaliser sur les volumes d'automobiles exportées pour saisir l'ampleur de la percée de la Chine à l'export. Près de deux millions de voitures électriques pourraient être exportées en 2024, soit une multiplication par cinq depuis 2021. Et 40 % des exportations de véhicules chinois sont électriques, une part en hausse [15]. Plus que la saturation des débouchés locaux, ce sont les perspectives de marges plus importantes à l'étranger qui motivent ces exportations de modèles électriques.

En effet, l'idée que les véhicules chinois seraient exportés à prix bradés pour envahir les marchés occidentaux ne se vérifie actuellement pas dans les pratiques commerciales des constructeurs. Si les véhicules chinois vendus en Chine affichent des prix nettement

---

13. MAYER Thierry, VICARD Vincent et WIBAUX Pauline, « Will Chinese Auto Export Boom Transform into Local Production in Europe? », *Policy Brief*, n° 45, juin 2024, CEPII (Centre d'études prospectives et d'informations internationales). URL : http://www.cepii.fr/PDF_PUB/pb/2024/pb2024-45.pdf. Consulté le 9 juillet 2024.

14. HANCOCK Tom, *op. cit.* (données relatives aux véhicules électriques et thermiques).

15. *Post* de Brad Setser, sur X, 18 mai 2024. URL : https://x.com/Brad_Setser/status/1791829927764902159. Consulté le 10 juillet 2024.

Graphique 2. **Exportations et ventes domestiques chinoises de véhicules électriques et hybrides rechargeables** (en millions)

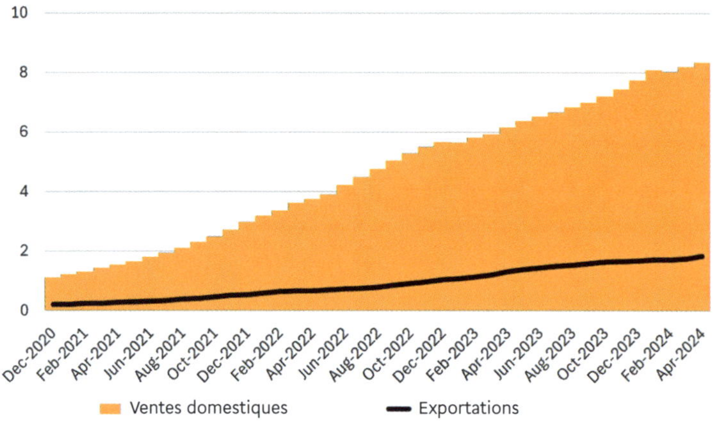

Source : Post de Brad Setser, sur X, 18 mai 2024, *op. cit.*

inférieurs à ceux des constructeurs européens, les modèles chinois exportés sur le Vieux Continent sont vendus avec des marges élevées. C'est le cas de la *Seagull* de BYD, citadine électrique d'entrée de gamme, disponible à moins de 10 000 euros sur le marché chinois, mais dont la commercialisation est prévue à près de 20 000 euros sur le marché européen, soit un niveau similaire aux véhicules européens abordables comme la Dacia *Spring* ou la Citroën *Ë-C3* [16].

Ainsi, dans un rapport publié en avril, le Rhodium Group estime que des tarifs douaniers atteignant 40 % à 50 % seraient nécessaires pour rendre les marchés européens non attractifs pour les constructeurs chinois, voire davantage pour ceux verticalement intégrés comme BYD [17]. Si elles devaient être appliquées, les mesures de la Commission pourraient donc avoir pour effet principal de comprimer les marges des exportateurs d'automobiles depuis la Chine, plutôt que de ralentir les volumes. Pour un acteur comme

16. « Automobile. Le chinois BYD annonce l'arrivée en Europe de la *Seagull*, sa voiture électrique à petit prix », *Courrier International*, 22 mai 2024. URL : https://www.courrierinternational.com/article/automobile-le-chinois-byd-annonce-l-arrivee-en-europe-de-la-seagull-sa-voiture-electrique-a-petit-prix. Consulté le 5 juillet 2024.

17. SEBASTIAN Gregor, BARKIN Noah et KRATZ Agatha, « Ain't No Duty High Enough », Rhodium Group, 29 avril 2024. URL : https://rhg.com/research/aint-no-duty-high-enough/. Consulté le 5 juillet 2024.

Graphique 3. **Écart de prix de vente moyen pondéré entre voitures conventionnelles et voitures électriques dans certains pays, avant subvention, par taille, en 2018 et 2022**

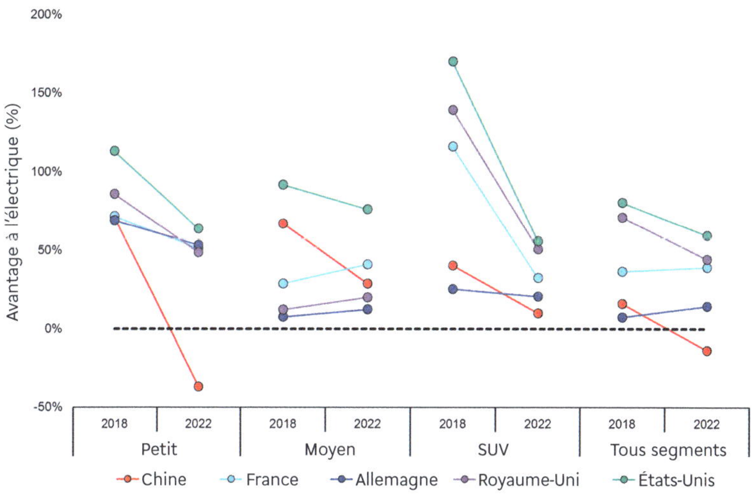

SUV = *Sports Utility Vehicle* ; tous segments = toutes tailles de véhicule confondues (petit, moyen, SUV, grand et camions *pick-up*).

Lecture : une valeur positive signifie que la voiture à batterie électrique est plus chère que son équivalent à moteur thermique.

Source : AIE, *Global EV Outlook 2024*, *op. cit.*, p. 40.

BYD, ces marges apparaissent largement absorbables, d'autant plus que les imaginaires des consommateurs européens sont amenés à évoluer face à des véhicules chinois de qualité désormais équivalente à celle des marques européennes et nord-américaines. À l'occasion de l'Euro de football 2024 organisé en Allemagne, c'était bien BYD qui était visible sur les panneaux publicitaires des bords de stade et dans les génériques télévisés, et non les constructeurs historiques d'outre-Rhin comme BMW ou Volkswagen.

Un enjeu clef pour l'évolution des comportements d'achat des automobilistes européens sera la disponibilité de véhicules électriques citadins plus abordables. Les constructeurs européens, notamment allemands, ont privilégié dans leur stratégie le développement de véhicules lourds à forte valeur ajoutée (type SUV), permettant de financer les efforts de recherche-développement et d'industrialisation associés au passage à l'électrique. Les constructeurs chinois ont au contraire fortement développé le segment des petits véhicules urbains, la réduction de la pollution constituant une priorité, espérant ainsi structurer un marché de consommation de masse.

Des exportations orientées en majorité vers l'Europe et une pénétration croissante dans les pays du Sud

Vers quels marchés se dirigent ces voitures électriques chinoises ? L'Europe concentre les deux tiers des exportations chinoises, suivie par la région Asie-Pacifique et l'Amérique du Nord. Au sein de l'UE, 42 % des importations de véhicules étaient des VE en 2022, soit une forte hausse par rapport à 2017 où cette part n'était que de 7 %. La Chine représente 22 % de ces importations extraeuropéennes, une part qui s'élève à 54 % pour les voitures électriques à batterie (les États-Unis, le Japon et le Royaume-Uni étant davantage positionnés sur l'hybride) [18].

Encore une fois, les importations extracontinentales d'automobiles sont à relativiser et demeurent minoritaires en Europe (environ un quart des véhicules électriques vendus), mais une rupture dans les logiques commerciales traditionnelles du marché automobile n'est pas à exclure, au vu de la position de force acquise par la Chine dans la filière du véhicule électrique [19].

Selon les projections de l'AIE, le marché du véhicule électrique restera en 2035 concentré aux trois quarts en Chine, aux États-Unis et dans l'UE, mais la part des pays émergents devrait croître. En Asie

Graphique 4. **Valeur et destination des exportations de VE* depuis la Chine, 2021-2023** (en milliards de dollars US)

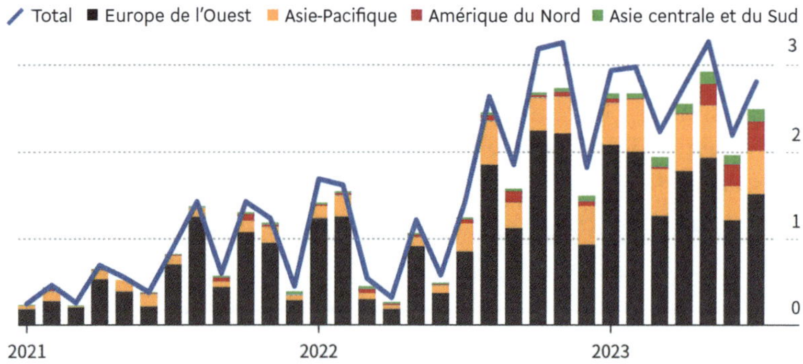

*Hybrides rechargeables inclus. *Source :* « From Cheap Cash to Tax Breaks, EVs in China Get Lots of Love », Bloomberg, 15 septembre 2023. URL : https://www.energyconnects.com/news/renewables/2023/september/from-cheap-cash-to-tax-breaks-evs-in-china-get-lots-of-love/. Consulté le 10 juillet 2024.

18. « International Trade in Hybrid and Electric Cars », Eurostat, octobre 2024. URL : https://ec.europa.eu/eurostat/statistics-explained/index.php?title=International_trade_in_hybrid_and_electric_cars. Consulté le 10 juillet 2024.

19. MAYER Thierry, VICARD Vincent et WIBAUX Pauline, *op. cit.*

Graphique 5. Ventes de véhicules électriques* dans une sélection de pays, par origine du constructeur, 2021-2023

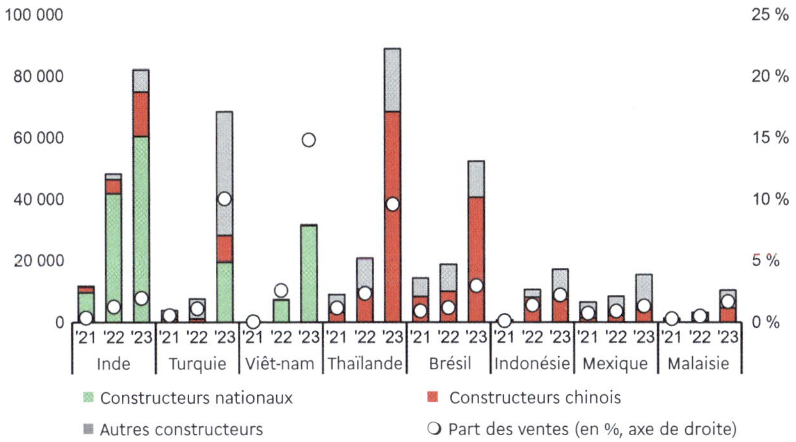

*Hybrides rechargeables inclus.

N.B. : en cas de *joint-venture* entre constructeurs automobiles historiques internationaux et entreprises chinoises, les ventes sont réparties entre les pays lorsque les données relatives au modèle sont disponibles (par exemple, dans le cas de GM-SAIC-Wuling, les modèles Wuling sont comptabilisés comme ayant leur siège en Chine, et non aux États-Unis).

Source : AIE, *Global EV Outlook 2024*, *op. cit.*, p. 48.

du Sud-Est, on observe des situations contrastées pour les pays ayant connu une forte croissance des ventes de véhicules électriques depuis 2022. Au Viêt-nam, 15 % des ventes de voitures sont électriques. Elles proviennent quasi exclusivement du constructeur local VinFast, champion émergent de l'industrie automobile qui s'est également positionné à l'export sur le marché nord-américain. En Inde, le constructeur local Tata représente 70 % des ventes de voitures électriques depuis 2010. Au contraire, la Thaïlande a atteint 10 % d'électrique dans ses ventes de voitures en recourant pour moitié à des modèles chinois. Au Brésil, si les modèles électriques ne représentent encore que 3 % des ventes de voitures, celles-ci ont triplé en 2023, portées par l'arrivée de marques chinoises sur le marché local [20].

Les stratégies de ces pays apparaissent tiraillées entre deux objectifs : l'équipement de la population en véhicules électriques et le développement d'une industrie automobile nationale. Plusieurs dispositifs financiers et réglementaires visent à concilier ces objectifs : subventions ou crédits d'impôt à la production et à l'achat de véhicules électriques, commandes publiques, tarifs douaniers prohibitifs sur les importations...

20. AIE, *Global EV Outlook 2024*, *op. cit.*

Une stratégie d'internationalisation qui passe par des investissements à l'étranger, ciblant l'ensemble de la chaîne de valeur du VE

Les constructeurs automobiles ont historiquement favorisé, dans leurs stratégies d'internationalisation, le recours aux investissements directs à l'étranger (IDE) dans des usines de production ou d'assemblage permettant de servir les marchés locaux. Cela permet de réduire les coûts de transport et les droits de douane parfois prohibitifs, et d'adapter les caractéristiques des véhicules aux spécificités des attentes des consommateurs sur ces marchés.

Sur ce point, rappelons-nous l'exemple historique de la stratégie des constructeurs japonais et sud-coréens dans les années 2000 et 2010. L'accord *Voluntary Export Restraint* (VER) signé par l'administration Reagan avec le gouvernement japonais en 1981 avait permis de limiter le nombre d'automobiles japonaises exportées aux États-Unis. Ces dernières avaient connu une hausse massive, de 5 % des ventes sur le marché américain en 1960 à 29 % en 1982. En réaction, au début du XXIe siècle, les constructeurs japonais et sud-coréens ont basé leur stratégie d'internationalisation sur des investissements dans des usines de production et d'assemblage en Europe et en Amérique du Nord, atteignant 13 % des ventes dans l'UE et 31 % dans la région nord-américaine (États-Unis, Mexique, Canada) en 2022 [21].

Au-delà des exportations de voitures neuves depuis la Chine, il faut donc surtout suivre la stratégie croissante d'IDE des constructeurs chinois, que ce soit pour la production ou pour l'assemblage de véhicules. Cette ambition industrielle globale est déjà observable dans les autres segments de la chaîne de valeur du véhicule électrique, dans le cadre de la stratégie chinoise de sécurisation de ses approvisionnements en métaux de la transition énergétique (production et raffinage) et d'extension géographique des capacités de production de batteries.

Le niveau annuel des IDE de la Chine dans la filière du véhicule électrique a ainsi triplé depuis 2021. Ces flux restent principalement orientés vers l'Europe et l'Asie, mais ils affichent une diversification croissante, notamment vers le Moyen-Orient et l'Afrique du Nord [22]. Alors que la rivalité sino-américaine s'enlise et que l'Europe menace

21. MAYER Thierry, VICARD Vincent et WIBAUX Pauline, *op. cit.*

22. WHITE Edward *et alii*, « China's Plan to Sell Cheap EVs to the Rest of the World », *Financial Times*, 4 juin 2024. URL : https://www.ft.com/content/c77fefa3-7f47-429b-8149-50aa60f39498. Consulté le 9 juillet 2024.

Graphique 6. **IDE récemment annoncés liés aux VE**
(en milliards de dollars US)

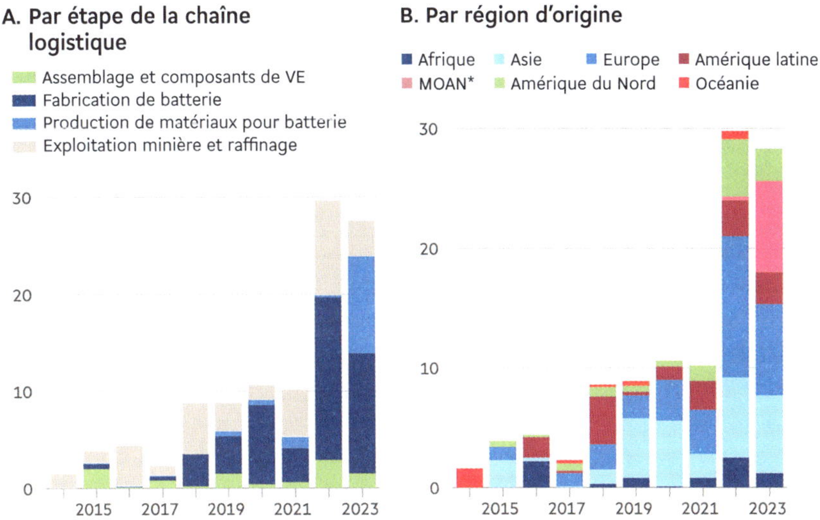

Source : WHITE Edward *et alii*, *op. cit.*

*Moyen-Orient / Afrique du Nord.

d'augmenter ses tarifs douaniers sur les véhicules électriques, la Chine voit dans les marchés des pays du Sud une manière d'écouler sa production industrielle tout en bénéficiant de retombées importantes en matière de *soft power* [23]. Ces investissements chinois constituent une réelle opportunité pour la décarbonation du secteur des transports, qui représente 15 % des émissions de gaz à effet de serre dans le monde. En effet, ces « routes de la soie vertes » seraient à même d'éloigner les pays du Sud d'investissements liant leur trajectoire de développement du secteur des transports aux énergies fossiles (*lock-in* technologique). Il convient toutefois de ne pas surestimer la place de la voiture individuelle dans les pays en développement, où les transports publics et les deux- et trois-roues demeurent les principaux modes de transport motorisé.

La production et l'assemblage automobiles demeurent minoritaires dans ces investissements, mais ils progressent. BYD prévoit notamment d'investir près de 2,5 milliards de dollars US dans des usines en Indonésie, au Brésil et en Thaïlande en 2024 (pour une capacité de production de 150 000 véhicules par an dans chaque

23. SIQI Ji, « Solve China's 'Overcapacity Problem' by Helping Developing Nations Go Green, Central Bank Adviser Urges », *South China Morning Post*, 28 mai 2024. URL : https://www.scmp.com/economy/global-economy/article/3264298/solve-chinas-overcapacity-problem-helping-developing-nations-go-green-central-bank-adviser-urges. Consulté le 5 juillet 2024.

pays). En Asie centrale, la perte d'influence russe pourrait également favoriser la progression chinoise. BYD a mis en place, en Ouzbékistan, une *joint-venture* avec UzAuto Motors afin de produire 50 000 véhicules électriques chaque année [24].

L'Europe n'est pas épargnée : BYD a signé un partenariat avec la Hongrie pour ouvrir prochainement une usine de production de véhicules électriques et de batteries [25]. Le premier producteur mondial de batteries électriques CATL (Contemporary Amperex Technology Co., Limited) a récemment annoncé un nouveau projet d'usine de production en Espagne dans le cadre d'une *joint-venture* avec Stellantis, qui s'ajouterait à une usine déjà actuellement opérationnelle en Allemagne et à une autre programmée en Hongrie. Un projet d'usine au Maroc est également envisagé pour approvisionner ses usines européennes en matériaux pour les composants de batterie. Au total, huit usines CATL sont déjà construites ou en projet à l'étranger, dont deux aux États-Unis en partenariat avec Tesla et Ford [26].

Quelles stratégies d'investissement des constructeurs non chinois ?

Partis avec un temps de retard sur leurs concurrents chinois dans la course à la mobilité électrique, les constructeurs nord-américains et européens ont rehaussé leurs ambitions ces dernières années. L'AIE estime que les objectifs des constructeurs européens porteraient l'électrique à près des trois quarts de leurs ventes d'automobiles en 2030, en anticipation de l'interdiction des ventes de véhicules thermiques en 2035. Notons qu'il s'agit d'une ambition supérieure à celle des constructeurs chinois et nord-américains (entre 50 % et 65 % de leurs ventes) [27]. Les constructeurs japonais apparaissent moins ambitieux en la matière, eux qui continuent de miser en partie sur des technologies alternatives comme l'hybride, voire l'hydrogène.

Entre 2019 et 2023, les constructeurs européens étaient à l'origine de la majorité des investissements (34 %) réalisés dans la chaîne

24. AIE, *Global EV Outlook 2024*, *op. cit.*

25. JOLLY Jasper, « BYD: China's Electric Vehicle Powerhouse Charges into Europe », *The Guardian*, 18 juin 2024. URL : https://www.theguardian.com/business/article/2024/jun/18/byd-china-electric-vehicle-europe-eu-tariffs-tesla. Consulté le 5 juillet 2024.

26. KANG Lei, « CATL Makes Overseas Expansion Top Priority as Domestic Competition Intensifies », *CnEVPost*, 22 mai 2024. URL : https://cnevpost.com/2024/05/22/catl-makes-overseas-expansion-top-priority/. Consulté le 5 juillet 2024.

27. AIE, *Global EV Outlook 2024*, *op. cit.* (données incluant les VE hybrides rechargeables).

de valeur du véhicule électrique (production, batteries, recharge), devant les Chinois (20 %) et les Sud-coréens (18 %). En Chine, les investissements dans la mobilité électrique ont été plus précoces et une partie d'entre eux demeurent difficiles à tracer. Pourtant, ce n'est pas l'Europe qui a attiré la majorité de ces investissements (26 %), mais l'Amérique du Nord (37 %). L'IRA a participé à ce mouvement vers les États-Unis, tandis que les errances dans la redéfinition de la politique industrielle européenne ont pu le retarder dans l'UE, dans un contexte d'incertitude accrue avec l'envolée des prix de l'énergie suite à l'invasion de l'Ukraine.

Ainsi, l'Europe attire en majorité les investissements européens, tout comme la Chine attire ceux des Chinois. Ce n'est pas le cas en Amérique du Nord, où la majorité des investissements industriels provient de l'extérieur : Corée du Sud, Japon et Europe. Stellantis a ainsi réalisé les trois quarts de ses investissements en Amérique du Nord, tandis que d'autres constructeurs européens font le choix de diriger plus de la moitié de leurs investissements

Graphique 7. **Flux d'investissements selon l'origine du constructeur automobile et destination des investissements annoncés dans les VE, 2021-2023**
(en milliards d'euros)

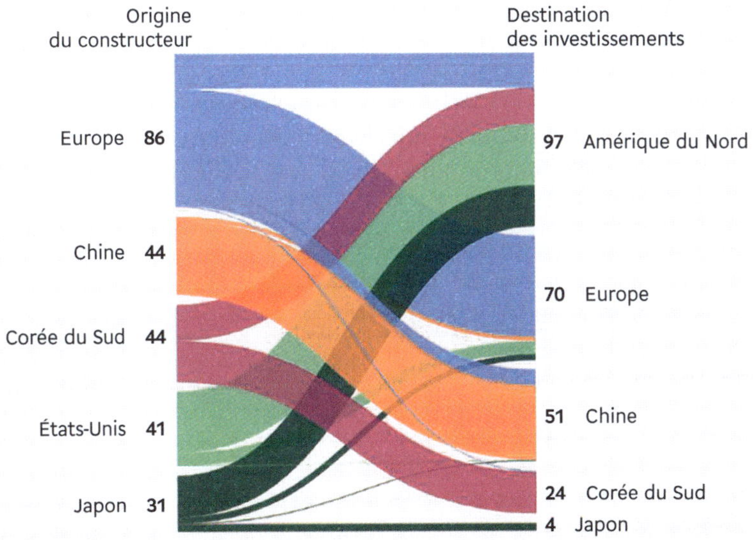

Source : Carmaker's EV Investments: Is Europe Falling Behind?, Transport & Environment (*Briefing*), juin 2024 URL : https://www.transportenvironment.org/uploads/files/2024_03_TE_EV_tariffs_paper.pdf. Consulté le 9 juillet 2024.

vers le Vieux Continent (BMW, Renault, Mercedes, Volkswagen, Nissan...) [28].

La stratégie d'électrification de l'industrie automobile européenne s'accompagne d'une ambition de développement des capacités de production domestique de batteries. En effet, les usines de production de véhicules électriques et de batteries ont tendance à se situer dans un périmètre géographique proche. Sur les près de 1 200 gigawattheures (GWh) de capacités de production de batteries annoncées en Europe d'ici 2030, la concrétisation de la moitié de ces projets demeure très incertaine. Des retards affectent déjà les projets de construction d'usines de batteries annoncés entre 2017 et 2023 (170 GWh), tandis que d'autres ont été annulés (200 GWh) ou mis en suspens (80 GWh) [29].

Mais selon l'AIE, les capacités actuelles de production de batteries en Europe, et celles en projet ayant fait l'objet d'une décision finale d'investissement, permettraient d'atteindre un taux d'électrification de 50 % des voitures produites en Europe en 2030 (soit un niveau proche de la demande européenne de batteries projetée par l'AIE à cette date) [30]. Ces usines feront face à une concurrence féroce des batteries chinoises, notamment des technologies LFP (lithium-fer-phosphate) dont le coût de production est nettement inférieur aux batteries traditionnelles NMC (nickel-manganèse-cobalt), sur lesquelles ont davantage misé les projets européens. Les usines chinoises seront probablement en situation de surcapacité, avec une production de 4 000 GWh estimée par l'AIE, soit le double des besoins estimés pour les ventes de VE projetées en Chine en 2030. Cela pourrait se traduire par la pénétration croissante de batteries très abordables sur les marchés européens, compliquant les efforts de relocalisation de cette industrie.

Non satisfait du rythme de montée en échelle de la production de batteries du groupe suédois Northvolt, BMW a réorienté ses commandes vers le sud-coréen Samsung. Renault a annoncé un partenariat avec LG Energy Solution pour produire des batteries LFP sur le sol polonais. Le constructeur français s'approvisionnera

28. *To Raise or not to Raise: How Europe Can Use Tariffs as Part of an Industrial Strategy*, Transport & Environment, mars 2024. URL : https://www.transportenvironment.org/uploads/files/2024_06_OEM_EV_investment_briefing_compressed.pdf

29. DEMPSEY Harry *et alii*, « Europe's Battery Industry Hit by EV Slowdown », *Financial Times*, 8 juillet 2024. URL : https://www.ft.com/content/840f74e6-3ec8-4b42-aa13-2b8c2acddeac. Consulté le 10 juillet 2024.

30. AIE, *Global EV Outlook 2024*, *op. cit.*

également en batteries LFP auprès du *leader* chinois CATL. Quand bien même les usines d'assemblage de batteries se développeraient massivement sur le territoire européen, elles resteront dépendantes des approvisionnements en composants (cellules) et minerais raffinés (lithium, cobalt, nickel...) [31].

*
* *

Cette analyse ne prétend pas trancher sur le caractère justifié ou souhaitable de la décision de la Commission européenne de relever les tarifs douaniers sur les véhicules chinois. Celle-ci résulte d'un arbitrage complexe entre protection de l'industrie automobile domestique, incitation à la décarbonation du secteur des transports via l'accès à des produits abordables, et prévention de l'escalade vers une guerre commerciale. Les élections européennes ont souligné comment cette problématique pouvait être instrumentalisée par les partis conservateurs afin de remettre en cause l'interdiction des ventes de véhicules thermiques en 2035 dans l'UE. Si elle n'est pas perçue comme un facteur de développement économique et industriel, la transition énergétique court le risque d'être remise en question. Pour cause, l'industrie automobile emploie 2,6 millions de travailleurs en Europe, soit un peu moins de 10 % du secteur manufacturier de l'UE.

Il convient toutefois de ne pas surestimer la place des échanges intercontinentaux dans le marché du véhicule électrique (25 %), ni l'impact de ces hausses de tarifs douaniers sur les volumes d'exportations chinoises, les principaux constructeurs étant en capacité de les absorber en réduisant leurs marges. Pour le consommateur européen, cette décision n'aura pas pour impact direct de réduire son pouvoir d'achat, mais elle constitue une opportunité manquée pour des baisses de prix plus marquées à court terme, en attendant que les prix des modèles des constructeurs européens se rapprochent de ceux des modèles thermiques. Ces tarifs douaniers pourront toutefois être contournés par l'importation de véhicules depuis des régions bénéficiant d'accords de libre-échange plus avantageux, y compris depuis des pays européens. En effet, les stratégies d'internationalisation des constructeurs se basent, historiquement, sur l'implantation d'usines à l'étranger servant les marchés locaux plutôt que sur les exportations extracontinentales. Si la conquête des marchés internationaux par les modèles chinois

31. Voir LAMBLIN Véronique, « La demande de métaux critiques liés à la mobilité électrique. La sobriété, passage exigé », *Futuribles*, n° 460, mai-juin 2024, p. 84-92.

devait continuer d'inquiéter les décideurs et industriels européens, le risque serait d'entrer dans une spirale de rétorsions commerciales, où le périmètre géographique et celui des composants soumis aux tarifs douaniers s'étendraient, à l'image de la tendance à l'œuvre aux États-Unis.

On peut ainsi envisager trois hypothèses prospectives contrastées à l'horizon 2035 :

• **Coexistence pacifique** : les constructeurs chinois accélèrent leur stratégie d'internationalisation, dans un contexte commercial et politique favorable au libre-échange entre l'UE et la Chine. Les véhicules électriques produits en Chine occupent des parts de marché croissantes en Europe et dans les pays émergents. Dans ce contexte d'ouverture, les investissements des constructeurs étrangers en Chine se maintiennent, tandis que les investissements chinois dans des usines de production et d'assemblage en Europe s'accélèrent. Des partenariats avec les constructeurs européens se mettent en place, des transferts technologiques ont lieu. Cela participe à l'amélioration de la compétitivité des constructeurs européens et à la relocalisation de la production de batteries sur le sol européen. La Chine reste toutefois en position dominante dans les chaînes de valeur des composants et matières premières des batteries électriques, un état de fait qui a été accepté en Europe par le succès des stratégies de *de-risking*, permettant de limiter les dépendances en cas de choc.

• **Escalade des rétorsions commerciales** : l'internationalisation des acteurs chinois de la filière automobile s'avère limitée, dans un monde frappé par des mesures protectionnistes importantes et généralisées. La hausse des tarifs douaniers décidée par l'UE en 2024 a connu une escalade majeure, du fait de l'aggravation de la rivalité sino-américaine et de l'alignement de l'Europe avec Washington. Les principes fondateurs de l'OMC sur le libre-échange apparaissent définitivement abandonnés. Des tarifs douaniers de 100 % sont imposés dans l'UE sur les véhicules importés de Chine, mesure visant les marques chinoises car l'essentiel des investissements européens et américains ont quitté la Chine. Surtout, le périmètre de ces mesures protectionnistes s'étend, tant au niveau géographique (les marques chinoises sont ciblées où qu'elles se situent) qu'au niveau des chaînes de valeur (les composants sont ciblés, au-delà des produits finis).

• **Politiques de souveraineté dans l'UE, report de la Chine vers les marchés non européens** : les acteurs chinois de la filière automobile font face à un maintien à un niveau durablement élevé des tarifs douaniers sur leurs exportations d'automobiles vers l'Europe, en hausse par rapport à 2024. Surtout, l'UE déploie massivement des outils de politique industrielle, reprenant paradoxalement certains traits de la politique chinoise (accès au crédit à taux préférentiel, aides d'État, subventions à l'achat…). Les constructeurs européens restent ainsi dominants sur leur marché intérieur, les importations de véhicules chinois sont limitées, tout comme les investissements industriels chinois sur le sol européen. En effet, les politiques européennes de souveraineté visent à favoriser tant la localisation de la production sur le sol européen que les investissements par des acteurs d'origine européenne. En conséquence, la Chine reporte son excédent de production automobile et ses investissements vers les marchés émergents. Les « nouvelles routes de la soie vertes » permettent à Pékin de contrer son ralentissement économique interne par les marchés extérieurs, tout en bénéficiant d'un outil de *soft power* en apparaissant comme un *leader* dans la lutte contre le changement climatique. ■

DEVENEZ MEMBRE PARTENAIRE DE FUTURIBLES INTERNATIONAL ET ACCÉDEZ À DES CONTENUS EXCLUSIFS

DES PARUTIONS QUOTIDIENNES SUR LES ENJEUX D'AVENIR

- *Êtres humains, être humain en 2050. Imaginaires, sociétés, individus en Occident. Rapport Vigie 2023* (publication biennale de Futuribles International)
- *Environnement et risques santé en France à l'horizon 2040,* rapport du forum prospectif Santé 2040, paru en juillet 2024
- « La xénophobie augmente-t-elle en France ? », note de veille de Pierre Bréchon, 18 juillet 2024
- « La Chine peut-elle envahir Taiwan, et à quel prix pour l'économie mondiale ? », analyse prospective de Morgan Paglia et Marie Ségur, 16 juillet 2024
- « Numérique et intelligence artificielle », fiche repère du 9 juillet 2024
- Des analyses d'ouvrages et travaux prospectifs : *The Global Risks Report 2024* du Forum économique mondial, *La Guerre permanente. L'ultime stratégie du Kremlin* de Marie Mendras, *La Destruction de l'État* de Maroun Eddé, *Scénario Net Zero 2050* d'EDF...

DES OBSERVATOIRES, GROUPES DE TRAVAIL ET SERVICES DIVERS

- Groupes de travail « Géopolitique » (Chine), « Systèmes d'intelligence artificielle générative »...
- Forum prospectif Santé 2040, Forum prospectif de l'Afrique, Vigie Alimentation, Forum prospectif des territoires, Prospective Lab...
- Des formations à la prospective
- Des tables rondes régulières autour d'experts sur des sujets d'avenir

Futuribles International est un centre de réflexion sur l'avenir. Ses travaux visent à comprendre les grandes transformations en cours. Ils intègrent la dimension du temps long en insistant sur les marges de manœuvre des acteurs et les stratégies possibles.

Adhésions / informations : Aude Houguenague • Tél. : + 33 (0)1 53 63 37 73 • ahouguenague@futuribles.com
https://www.futuribles.com/qui-sommes-nous/association-futuribles/presentation/

Éducation nationale : quelles finalités ?

Interview de Fabien Truong [1]
par Jean-Pierre Bellier [2] et Hugues de Jouvenel [3]

L'Éducation nationale en France est accusée de tous les maux : inculpée en raison de ses médiocres performances à l'aune des classements internationaux, elle l'est également au prétexte de ne plus corriger les inégalités liées à l'origine sociale des élèves, de se méprendre sur ses finalités essentielles, et les enseignants sont, eux, accusés de manquer à leurs devoirs. Mais, répond Fabien Truong, il n'y a jamais eu d'âge d'or de la mobilité sociale en France et les études consacrées au sujet ne sont pas comparables sur longue période car la population a changé. Le fait nouveau, depuis les années 1960, est que les enfants des classes populaires sont beaucoup plus nombreux et beaucoup plus divers à intégrer l'institution scolaire — que leurs parents n'ont pas, ou peu, fréquentée — et que leur capital culturel est moindre. Mais certains d'entre eux réussissent et bénéficient d'une promotion sociale, alors que d'autres n'y parviennent pas, notamment parce qu'ils auraient besoin d'être mieux encadrés. Ainsi voit-on, dans les quartiers, certains partir et s'en affranchir alors que s'y concentrent les populations les plus déshéritées.

Si le niveau baisse, sous réserve d'ailleurs de bien le mesurer, c'est parce que l'on compare un petit nombre d'élèves privilégiés à un grand nombre d'élèves d'origine sociale plus diverse auxquels il serait important d'accorder plus d'attention et de moyens afin de leur éviter l'échec et la relégation. Mais cela impliquerait que les enseignants puissent davantage les écouter et les comprendre, qu'ils puissent veiller à leur développement personnel et pas exclusivement à leur acquisition de savoirs académiques, que l'on développe les savoir-être et le vivre-ensemble sans les obliger tous à suivre la même voie. En substance, il faudrait qu'en France, l'éducation soit reconnue comme une priorité nationale. H.J.

1. Sociologue et écrivain, Département de sociologie et d'anthropologie, université Paris 8. Cette interview a été réalisée le 23 mai 2024.

2. Ancien inspecteur général de l'Éducation nationale et membre du comité de rédaction de la revue *Futuribles*.

3. Rédacteur en chef de la revue *Futuribles*.

En France, l'Éducation nationale fait l'objet d'âpres polémiques qu'alimentent plus que jamais les réformes que chaque ministre entend promouvoir. Elles portent notamment sur ses médiocres performances à l'aune des classements internationaux. En particulier, il lui est régulièrement reproché de ne plus corriger les inégalités liées à l'origine sociale des élèves et, surtout, de se méprendre sur ses finalités essentielles. Est-ce le cas ?

Fabien Truong : On a une vision un peu mythifiée de la mobilité sociale « d'avant » mais les populations sur lesquelles s'appuient les études statistiques sur la mobilité sociale ont changé au fil du temps. Elles portaient auparavant presque exclusivement sur les hommes nés en France, puis sont arrivés plus durablement sur le marché du travail : les femmes, des jeunes hommes d'origine modeste en plus grand nombre, des étrangers, des immigrés, donc une population beaucoup plus diverse quant à ses origines sociales et culturelles. En outre, la constitution des groupes socioprofessionnels utilisés par l'INSEE (Institut national de la statistique et des études économiques) a changé dans les années 1980.

Donc comparer des études sur la mobilité sociale sans prendre toutes ces dimensions en compte n'a pas grande valeur. Et toutes les enquêtes sérieuses qui le font le montrent très clairement : il n'y a jamais eu en France un âge d'or de la mobilité sociale, notamment durant les Trente Glorieuses. C'est une représentation fausse. De ce point de vue-là, l'École ne fait pas moins bien qu'avant, loin s'en faut. Si on regarde les statistiques et les grandes tendances, elle n'a jamais véritablement corrigé les inégalités. Ce n'était d'ailleurs pas son but originel, si on se réfère à « l'École de Jules Ferry » qui sert souvent de référent mythique. Le but, c'était de doter les enfants du pays d'une culture commune républicaine, pour asseoir la légitimité de la République dans les consciences, pas de corriger les inégalités sociales. Il n'y a jamais eu d'âge d'or de la mobilité sociale et de l'École correctrice des inégalités.

En revanche, le fait majeur aujourd'hui, c'est que les enfants des classes populaires sont exposés durablement, et de plus en plus longtemps, à l'institution scolaire. Cette tendance, amorcée dans les années 1960, ne s'est jamais atténuée. C'est un choix de société qui permet à des jeunes de milieu populaire d'obtenir des diplômes que leurs parents n'ont jamais eus et d'initier de véritables parcours de réussite académique. Mais ces parcours coexistent avec d'autres, plus difficiles, et surtout avec des parcours de relégation

Fabien Truong © Audrey Dufer

— on a exposé plus durablement les jeunes de milieu populaire en créant aussi de nombreuses filières sous-cotées et stigmatisées, comme les filières professionnelles et technologiques.

Prenons l'exemple des quartiers populaires qui concentrent un nombre démesuré de familles avec le moins de capital culturel. Ce sont aujourd'hui des lieux de passage marqués par un renouvellement régulier de populations : ceux qui réussissent le mieux, notamment parce que l'École y fait sa part, vont s'installer ailleurs et y sont remplacés par des individus en plus grande difficulté, de sorte que se concentrent sur ces territoires beaucoup de personnes avec plus de difficultés et moins de ressources, celles et ceux qui pâtissent le plus des inégalités et qui ont un sentiment d'échec, voire de honte, souvent, au regard de celles et ceux qui ont réussi à partir.

Il y a là un double mouvement : quitter ces quartiers pour espérer vivre mieux et, pour celles et ceux qui n'ont pas les moyens de le faire, rester et être rejoints par des personnes qui arrivent avec de plus grandes difficultés en termes de revenus et de précarité. Ces quartiers se vident donc progressivement de leurs ressources sociales et cela se ressent dans les écoles, avec notamment toujours plus d'élèves allophones (c'est-à-dire dont la langue maternelle n'est pas le français). Le travail des enseignants est d'autant plus difficile qu'ils disposent de peu de moyens pour gérer des classes où il y a une trop grande concentration de difficultés. Et ces difficultés qui arrivent, du fait des départs, sont le revers de la médaille des réussites passées de l'École ! Aussi, il faudrait, dans ces endroits devenus indésirables pour une grande partie du corps social, ajuster les moyens présents au regard des réussites passées. Cela serait juste et cohérent.

Si on regarde à l'échelle d'une petite dizaine d'années sur les zones en quartier prioritaire, on constate que près de la moitié des ménages parviennent à s'en extraire, à accéder à de meilleures conditions de vie et peuvent permettre à leurs enfants de bénéficier d'une certaine promotion sociale. Ainsi beaucoup d'enfants d'origine modeste ou d'origine étrangère trouvent leur place dans la société, après des parcours scolaires arrivés à leur terme. Ce sont des petits trajets sociaux, invisibilisés, mais importants. Ils font la France.

Le revers de ces succès concerne les personnes qui ne s'en sortent pas et qui représentent une autre bonne moitié de la population ; pour celles-ci, c'est beaucoup plus difficile et les chances de s'élever sont objectivement minces, suscitant un sentiment d'échec. Les causes sont nombreuses avec des parents d'origine étrangère qui ne maîtrisent pas la langue française, qui sont éventuellement séparés, contraints à des déplacements fatigants, ont une activité professionnelle pénible et souvent précaire, ne peuvent guère s'occuper des enfants qui, en conséquence, sont moins encadrés, connaissent aussi parfois des situations de violence...

Le cumul des difficultés dans certains quartiers rend le métier d'enseignant de plus en plus dur. Ce n'est pas uniquement un problème de moyens, mais il est évident qu'il serait souhaitable que dans de telles situations de concentration, les jeunes soient encadrés par un nombre accru d'adultes. J'insiste : la nécessité de moyens supplémentaires et de plus d'encadrement, du fait de ce cumul de difficultés, découle des réussites passées et du fait que la France a décidé d'accueillir ces enfants en situation de relégation sociale à l'École. Il faut l'assumer, ne pas en rougir.

On s'est récemment plaint, par exemple, que selon les enquêtes PISA [4], le niveau baisse en France, mais on ne prend pas en compte le fait qu'il baisse parce que nous accueillons à l'école bien plus d'enfants de milieu populaire qu'autrefois, et que tous n'ont pas les mêmes capacités ni les mêmes aptitudes au départ, ni non plus les dispositions sociales et scolaires pour réussir et briller dans les tests PISA. Donc il va mécaniquement y avoir de l'échec répertorié. En revanche, quand on regarde en détail les tests PISA en France selon le milieu social, ou en distinguant entre le public et le privé (ce qui revient à peu près au même puisque les classes sociales supérieures tendent massivement à rejoindre le privé pour échapper à la mixité sociale à l'école), on voit que les résultats des tests sont très bons. Aussi bons que dans les pays en tête de classement, qui par ailleurs sont des pays avec peu de mixité sociale à l'école. Que le niveau moyen baisse n'a donc rien de surprenant dès lors que l'on compare les performances d'un petit nombre d'élèves relativement privilégiés à un grand nombre d'élèves dont le niveau est plus faible. Toute la question est de savoir si nous sommes en mesure de les prendre en charge de manière à élever leur niveau dans la durée.

4. Programme international pour le suivi des acquis des élèves. Enquête internationale menée au sein de l'OCDE (Organisation de coopération et de développement économiques). Voir la page Internet https://www.oecd.org/fr/about/programmes/pisa.html. Consultée le 5 juillet 2024.

Baisser en moyenne n'est ici en rien déshonorant : c'est la traduction d'une politique d'exposition scolaire massive. Et les enfants de classes populaires qui réussissent moins bien les tests PISA sur le temps d'une année scolaire auront de meilleurs résultats à ce type de tests plusieurs années après : apprentissage et éducation se jouent sur le temps long, pas sur le temps court du *benchmarking*.

La centralité de l'École en France dans l'ordinaire des jeunes et dans le rapport à la position sociale d'une personne (la France est l'un des pays de l'OCDE où la position professionnelle est la plus fortement corrélée au diplôme) a des conséquences considérables dans les milieux populaires. Il y eut par exemple une époque, jusque dans les années 1960, où il existait une « conscience de classe », où les enfants de classe ouvrière n'avaient aucune envie véritable d'aller à l'école car être ouvrier comme leur parent, c'était avoir une place et un réel motif de fierté. On existait et on transmettait. Mais aujourd'hui, les élèves sont soumis à la même injonction de réussir les épreuves académiques qui sont supposées leur permettre de bénéficier d'une promotion sociale. Et leurs parents non diplômés veulent ardemment des métiers valorisant de hautes études pour leurs enfants. C'est l'aspiration. De fait, pour la grande partie des élèves qui échouent ou sont relégués dans des filières stigmatisées, l'échec sera très mal vécu, pourra générer de la violence, d'autant plus forte s'ils ne disposent pas des mots ou des codes que l'institution requiert.

Quel est le problème ? L'accès de tous au même cursus scolaire est-il finalement lui-même générateur d'inégalités, voire de frustrations ? Ou est-ce que ce sont les moyens consacrés à l'éducation et aux enseignants qui sont insuffisants ?

F.T. : On a tellement dit aux élèves qu'ils devaient réussir à l'école et que cette réussite était la condition essentielle de leur promotion sociale, que leur échec entraîne ce que j'appelle un « amour éconduit [5] » et l'on peut clairement documenter comment une telle frustration peut mener à la violence verbale ou physique. C'est très différent de l'idée d'une culture hostile à l'École ; il faut le comprendre et comprendre aussi combien faire preuve d'auto-

5. TRUONG Fabien, *Loyautés radicales. L'islam et les « mauvais garçons » de la nation*, Paris : La Découverte, 2017.

Graphique 1. Le coût de l'éducation en France (données 2021)

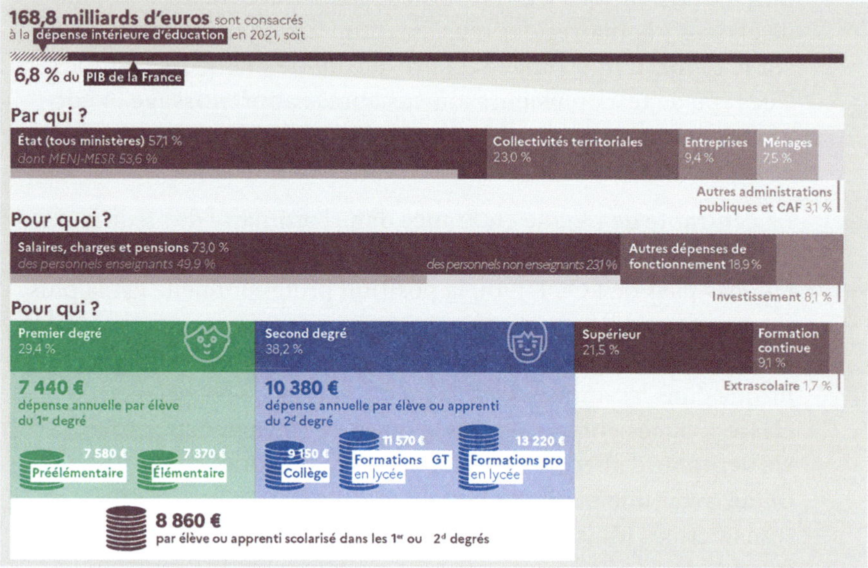

PIB : produit intérieur brut ; MENJ : ministère de l'Éducation nationale et de la jeunesse ; MESR : ministère de l'Enseignement supérieur et de la Recherche ; CAF : caisse d'allocations familiales ; (formations) GT : générales et technologiques.

Source : L'Éducation nationale en chiffres 2023, DEPP (Direction de l'évaluation de la prospective et de la performance), 2023. URL : https://education.gouv.fr/media/157182/download. Consulté le 5 juillet 2024.

ritarisme en l'espèce ne sert à rien et conduit à des cycles du pire (enfermer ces élèves entre eux sans procédure de remédiation individuelle dans les pensionnats n'est certainement pas la solution). Car ici l'École fait bien autorité : c'est plutôt la certitude objectivée de l'échec vis-à-vis de ce que l'on sait compter le plus qui génère de la violence, donne la rage. Il faut essayer d'entendre ces élèves et cette souffrance qui ne se dit pas, ce qui n'est pas évident pour des enseignants nullement formés à cela et chargés, avant tout, de transmettre à une classe de 30 élèves leur savoir académique.

Malgré tout, lorsque l'on parle avec ces jeunes ayant eu un passé conflictuel avec l'École, longtemps après (ce que permettent les études ethnographiques et les enquêtes en sciences sociales), de leurs souvenirs scolaires, ils ont presque toujours en mémoire un professeur qui se distingue des autres, ne serait-ce qu'en raison d'un comportement plus attentif, plus attentionné que les autres… L'École a toujours compté, beaucoup. Tout cela, l'hypermédiatisation des épisodes de violence scolaire, traités comme de purs faits divers, ne le dit pas. Elle crée du bruit, de l'inquiétude, de la peur.

Et celles et ceux qui vendent après le « retour de l'autorité » passent pour des réalistes et des courageux, alors que c'est tout l'inverse. Il s'agit d'une démagogie pernicieuse qui, malheureusement, gagne la bataille médiatique car elle est simpliste et s'exprime de manière tranchée, et tranchante. Le fait divers n'est qu'une explosion, il n'est ni le réel ni même la norme si on le met en regard de tout ce qui se joue à bas bruit à l'école et qui n'est pas médiatisé. Dire cela, c'est être réaliste.

La formation des enseignants, hélas, ne prévoit rien en matière de compréhension de ces violences en tant que symptômes, alors que le geste éducatif consiste justement à pouvoir prendre l'élève là où il est concrètement, et à essayer de l'amener au meilleur niveau possible. Aux yeux de certains, cela peut sembler démagogique ; il n'en est rien. Le bonheur et la noblesse de l'enseignement consistent justement à permettre à chacun de s'épanouir selon ses capacités initiales, d'initier un chemin, avec les difficultés. Ce n'est pas facile, d'autant que certains élèves ne se privent pas de tenir des propos outranciers, y compris sur le plan religieux, de se montrer rebelles, et sans doute n'est-ce pas sans raison. Attirer l'attention, à l'âge de l'adolescence, dans ce genre de situation, est au fond très commun. Essayer d'entendre et de les amener à grandir n'est cependant pas quelque chose d'évident, ni d'ailleurs une vertu reconnue aux enseignants qui sont plutôt évalués à l'aune des performances éducatives et quantifiées de leurs classes — une évaluation qui n'a pas grand sens quand il n'existe aucun élément pour établir des comparaisons fiables sur longue période. Nombreux sont d'ailleurs ceux qui, après quelques années d'enseignement renoncent à exercer ce métier et témoignent de leur mal-être [6].

Soulignons aussi combien l'image de l'enseignant a évolué depuis l'époque du « Hussard noir » de la IIIe République qui bénéficiait d'un pouvoir symbolique important, non dépourvu d'ailleurs de défauts bien connus en termes de violence et de sévices infligés. On l'a dit, l'objectif de l'Éducation nationale n'était pas d'accroître la mobilité sociale, mais essentiellement de promouvoir l'esprit républicain. Les choses ont beaucoup changé depuis lors. En particulier, les jeunes qui aspirent aujourd'hui à devenir enseignants viennent plus souvent des classes populaires. Le métier s'est beaucoup féminisé et, comme on l'observe, jouit d'un moindre prestige

6. Voir notamment l'inquiétude manifestée par le Sénat à ce sujet dans l'annexe n° 14 (« Enseignement scolaire », du rapporteur Olivier Paccaud) du rapport *Les Moyens des politiques publiques et dispositions spéciales*, Paris : Sénat, novembre 2023. URL : https://www.senat.fr/rap/l23-128-314/l23-128-3141.pdf. Consulté le 10 juillet 2024 (NDLR).

tout en étant sans doute encore plus exigeant, parce que les élèves sont beaucoup plus nombreux et divers qu'auparavant, et que les dispositifs et moyens de l'Éducation nationale changent trop rapidement, au gré des alternances politiques.

Vous êtes en train de dire qu'une réforme en profondeur s'impose. Pouvez-vous nous préciser quelles devraient en être les priorités ?

F.T. : La grande priorité de l'enseignement est de permettre à tous les élèves, quels que soient leur niveau au départ, leurs vertus et leurs limites, de progresser et de s'épanouir sans que ceci puisse être évalué à l'aune d'indicateurs uniques et standardisés. Cette manière chiffrée de mesurer l'efficacité éducative est extrêmement réductrice.

Cela signifie d'abord que les enseignants doivent être capables de les écouter, de les comprendre, de les accompagner dans leur développement, sachant que la durée des études est longue et que, chemin faisant, les jeunes eux-mêmes évoluent. Le défi principal pour les enseignants est de se montrer plus attentifs envers les élèves et moins exclusivement préoccupés de transmettre leurs savoirs « coûte que coûte » : l'évaluation des élèves ne doit pas être exclusivement basée sur les indicateurs relatifs au niveau de leurs connaissances à l'aune de critères identiques, alors que les inégalités au début de leurs études sont de plus en plus importantes. Seule d'ailleurs une évaluation sur le long terme, en fonction de leur parcours, aurait vraiment du sens. Dire cela, j'insiste, ce n'est pas revoir les ambitions intellectuelles de l'apprentissage à la baisse. Au contraire, c'est se donner les moyens de parvenir à une rencontre.

Les débats actuels sur les groupes de niveau (qui existent déjà au vu de la non-mixité sociale régnant dans les établissements), sur l'autorité, sur le niveau moyen des élèves n'ont aucun sens. Les vrais enjeux sont ailleurs, nous le savons fort bien : c'est particulièrement documenté par les sciences sociales. Il faudrait que les enseignants disposent de moyens supplémentaires, d'autant qu'ils sont mal rémunérés, et que leur métier est socialement dévalué alors qu'il exige de faire preuve de qualités tant psychologiques que pédagogiques de haut niveau. Il faudrait que l'éducation soit reconnue comme une priorité nationale et ne soit pas soumise en permanence à une évaluation comptable aussi absurde qu'inefficace. Il faut évaluer la qualité de l'enseignement sur un temps long, un temps qui dépasse l'année scolaire et même le terme d'un mandat électoral. D'ailleurs, quand on sort de cette courte focale, on voit déjà que l'École produit aussi de belles choses. Cette foi en la durée dans l'acte éducatif, très peu de réformes la portent. C'est un problème de principe qui me paraît élémentaire.

Dans ce contexte où certains lieux (et pas seulement les quartiers prioritaires urbains) concentrent les difficultés, il paraît aussi nécessaire que les enseignants et enseignantes disposent d'une solide formation en sciences sociales sur l'École et la sociologie de ses « publics ». Nous disposons d'une large connaissance en la matière, mais elle est très peu enseignée aux équipes éducatives.

Il faudrait ainsi sortir du modèle de l'École sanctuaire où l'institution se ferme à l'extérieur. De fait, c'est un mythe et une position de principe absurde : la sociologie l'a montré dans les années 1960, professeurs et élèves arrivent dans la salle de classe avec leur socialisation et leur capital social. L'École n'a donc jamais été ce sanctuaire neutre et hermétique. Toutefois, il est essentiel, dans les quartiers populaires urbains comme dans les espaces ruraux, que l'École puisse s'appuyer sur les autres adultes qui font un travail de remé-

Graphique 2. **Encadrement des élèves et éducation prioritaire**

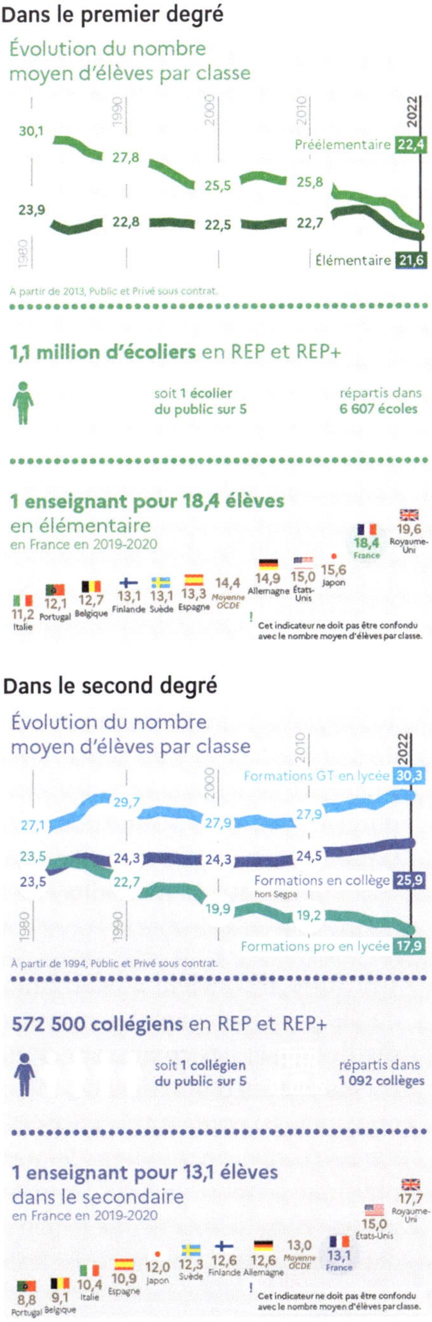

Source : L'Éducation nationale en chiffres 2023, op. cit.

diation sociale et connaissent les jeunes sous un autre angle. C'est, par exemple, ce que font les « cités éducatives [7] », dont on voit bien que cela porte ses fruits. Que l'École puisse aussi garder contact avec ses anciens élèves, les fassent revenir dans les établissements pour qu'ils ou elles transmettent leurs expériences, avec leurs mots et leur sensibilité, est quelque chose d'essentiel à l'heure de Parcoursup, à un moment où la question de l'orientation n'a jamais été aussi socialement discriminante.

Car un autre élément joue également à plein : le fait que tous les jeunes soient conduits à suivre les mêmes études et la même norme, celle de l'enseignement général, donc en quelque sorte à s'adapter à un même cursus qui a incidemment été conçu avec une conception particulariste de l'élitisme, privilégiant par exemple le savoir intellectuel sur le savoir manuel, la filière générale sur d'autres voies telle celle de l'enseignement technique. À cet égard, je pense qu'une réforme importante devrait prendre en considération au moins trois éléments :

• D'abord développer des passerelles permettant aux élèves d'échapper à l'unique alternative filière d'enseignement général / filière de relégation sans possibilité de croisements, afin qu'ils puissent être réorientés en fonction de capacités et de goûts (qui changent à mesure qu'ils grandissent) sans que les cursus moins académiques soient considérés comme de moindre valeur et la réorientation comme un échec. On en est loin, et la suppression des filières au lycée peut laisser croire qu'elle emprunte à ce genre de philosophie, alors qu'elle pousse au contraire à un degré de casuistique on ne peut plus discriminant. Il s'agit de choisir maintenant les bonnes options pour aller droit vers la bonne « prépa », sans même que cela se voie si l'on n'est pas du sérail.

• Ensuite, il convient de s'affranchir d'une conception élitiste de l'École privilégiant les savoirs académiques au détriment des savoir-être et des compétences manuelles et pratiques. Il y a diverses formes d'intelligence, l'École tend à les sous-évaluer. De fait, on voit aussi comment le corps est, de manière générale, peu considéré à l'école : en témoigne le prestige des professeurs d'éducation physique et sportive (EPS), souvent présentés comme des sous-professeurs, de même que le peu de cas qui est fait de leur matière dans les conseils de classe. Et le corps, ce n'est pas que le sport.

7. Voir la présentation de ce label sur le site de l'Agence nationale de la cohésion des territoires. URL : https://agence-cohesion-territoires.gouv.fr/cites-educatives-76. Consulté le 5 juillet 2024 (NDLR).

• Enfin, il faudrait changer le rapport de l'institution au collectif, à la capacité à vivre ensemble, à tirer profit de l'échange, des différences, de la mutualisation. Le système éducatif français privilégie la dimension individuelle et la compétition ; il ne forme pas les jeunes au travail collaboratif ; or, comme on le voit bien, les défis auxquels nous sommes confrontés, comme la crise écologique, ne pourront être relevés que collectivement. En outre, noter les élèves individuellement ou mettre une note à un collectif n'a pas du tout les mêmes implications : dans le premier cas, on encourage la compétition qui par essence comporte plus de perdants que de gagnants ; dans l'autre, on stimule les capacités d'agir collectivement, les échanges et la coopération.

Si réellement l'objectif de l'École est de développer ce que les économistes appellent le « capital humain » de chacun et d'apprendre à « vivre ensemble » — deux expressions que l'on trouve dans tous les projets de société qui se disent contemporains et pragmatiques —, il faut permettre à chacun de trouver sa voie, donc diversifier les parcours sans pour autant créer des *ghettos* dont on ne peut plus sortir, sans enfermer les jeunes dans des cases étanches, et ajuster les moyens en conséquence. Aujourd'hui, on dépense plus d'argent pour les enfants de cadres supérieurs que pour ceux d'origine plus modeste. C'est la Cour des comptes qui l'affirme [8] : la différence est abyssale, objectivée. Or, il faudrait faire exactement le contraire. C'est une faute morale collective. En conséquence, il n'y a pas à s'étonner que l'orientation des jeunes s'opère par défaut, non par choix, faute de temps d'écoute et de compréhension. À l'école et durant tout le temps de la scolarité, nous donnons plus à ceux qui ont déjà beaucoup, et nous voudrions que l'École corrige les inégalités. C'est incohérent. ■

8. Notamment dans *L'Éducation prioritaire*, Paris : Cour des comptes, 2018. URL : https://www.ccomptes.fr/fr/publications/leducation-prioritaire ; ou *L'Enseignement privé sous contrat*, Paris : Cour des comptes, 2023. URL : https://www.ccomptes.fr/fr/publications/lenseignement-prive-sous-contrat. Consultés le 8 juillet 2024.

TABLE RONDE FUTURIBLES INTERNATIONAL

Environnement et risques santé en France à l'horizon 2040

Jeudi 26 septembre 2023 • 16h-18h

À l'occasion de la parution de ce **rapport du forum prospectif Santé 2040,** l'association Futuribles International organise une table ronde au cours de laquelle les auteurs, **Quentin Bisalli** et **François Bourse,** en partageront les enseignements. Y prendront part, également, **Alexis Descatha,** professeur des universités et praticien hospitalier en médecine et santé au travail au centre hospitalier universitaire (CHU) d'Angers, ainsi que **Damien Weidert,** directeur du cabinet de la présidence d'Apivia Macif mutuelle, et **Michel Pailley,** secrétaire du conseil d'administration d'Apivia Macif mutuelle.

Cette table ronde se tiendra à la fois **en présentiel** dans les locaux de Futuribles, 47 rue de Babylone - 75007 Paris - France, et **en visioconférence**.

À paraître sur le site de Futuribles le 1er septembre 2024, le rapport *Environnement et risques santé en France à l'horizon 2040* présente :

- **Une synthèse de l'évolution passée des risques santé liés à l'environnement en France, et leurs perspectives à l'horizon 2040,** enrichie de *focus* détaillés, de cas concrets et de scénarios prospectifs : à quoi devons-nous nous préparer ?
- **Des dispositifs et pistes pour agir** dans la société des risques sanitaires, assortis de nombreux exemples de bonnes pratiques déjà en œuvre : que pouvons-nous faire ?

Septembre 2024, 120 p.

INSCRIPTION / INFORMATION

Aude Houguenague • Futuribles International - 47, rue de Babylone - 75007 Paris
E-mail : ahouguenague@futuribles.com • Tél. : + 33 (0)1 53 63 37 73
Site Internet : https://www.futuribles.com/event/presentation-rapport-environnement-et-risques-sante-en-france-a-lhorizon-2040/

Sadi Carnot et Joseph Fourier, visionnaires de la révolution industrielle

Par Pierre Papon [1]

La révolution industrielle qui a commencé à la fin du XVIIIe siècle, notamment grâce à la machine à vapeur puis au développement du transport ferroviaire, a enclenché une période de développements techniques intenses qui s'est poursuivie jusqu'à nos jours, mais dont les conséquences sur l'environnement et le climat tendent aujourd'hui à enrayer la course. Dans ce futur d'antan, Pierre Papon, physicien de formation, met en avant deux scientifiques français, Sadi Carnot et Joseph Fourier, dont certains travaux, assez méconnus, se sont révélés tout à fait visionnaires de ce qui allait propulser la révolution industrielle — machine à vapeur, moteur thermique… —, mais aussi de la façon dont le climat de notre planète réagit aux lois de la chaleur, et donc de l'impact que pourraient avoir, sur notre climat, les activités humaines telles que l'industrie. Pierre Papon présente ici ces travaux et montre, de manière très pédagogique, en quoi ils étaient très précurseurs en matière de connaissance des lois de l'énergie et de la thermodynamique. S.D.

En 1824, hasard de l'Histoire, le physicien Sadi Carnot (1796-1832) publia un livre majeur, *Réflexions sur la puissance motrice du feu, et sur les machines propres à développer cette puissance* [2], et un autre physicien, Joseph Fourier (1768-1830), un mémoire intitulé « Remarques générales sur les températures du globe terrestre et des espaces planétaires [3] ». Le livre de Sadi Carnot, consacré aux principes physiques du fonctionnement des machines à vapeur,

1. Professeur honoraire de physique à l'École de physique et chimie industrielles (université Paris sciences et lettres, PSL), membre du comité de rédaction de *Futuribles* et conseiller scientifique de Futuribles International.

2. CARNOT Sadi, *Réflexions sur la puissance motrice du feu et sur les machines propres à développer cette puissance*, Paris : Bachelier, 1824. Numérisé, URL : https://gallica.bnf.fr/ark:/12148/btv1b86266609/f11.image. Consulté le 27 juin 2024. Notons qu'il s'agit de Nicolas Léonard Sadi Carnot, à ne pas confondre avec Marie François Sadi Carnot (1897-1894) qui fut président sous la IIIe République (NDLR).

3. FOURIER Joseph, « Remarques générales sur les températures du globe terrestre et des espaces planétaires », *Annales de chimie et de physique*, vol. 27, 1824, p. 136-167. Numérisé, URL : https://gallica.bnf.fr/ark:/12148/bpt6k65708960/f142.item. Consulté le 27 juin 2024.

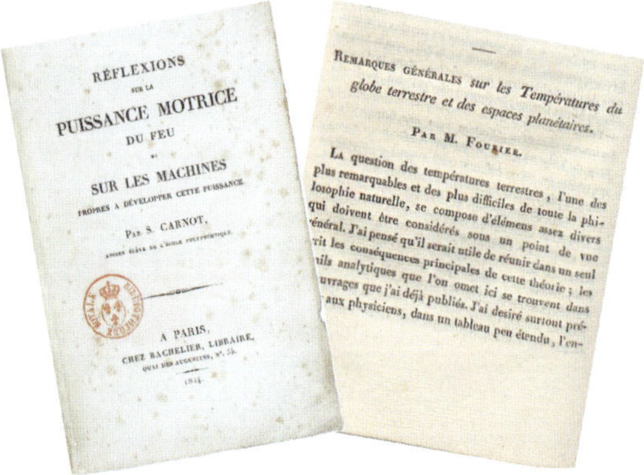

RÉFLEXIONS
SUR LA
PUISSANCE MOTRICE
DU FEU
ET
SUR LES MACHINES
PROPRES A DÉVELOPPER CETTE PUISSANCE.
PAR S. CARNOT,
ANCIEN ÉLÈVE DE L'ÉCOLE POLYTECHNIQUE.
A PARIS,
CHEZ BACHELIER, LIBRAIRE,
QUAI DES AUGUSTINS, Nº. 55.
1824.

REMARQUES GÉNÉRALES *sur les Températures du globe terrestre et des espaces planétaires.*

PAR M. FOURIER.

LA question des températures terrestres, l'une des plus remarquables et des plus difficiles de toute la philosophie naturelle, se compose d'élémens assez divers qui doivent être considérés sous un point de vue énéral. J'ai pensé qu'il serait utile de réunir dans un seul rit les conséquences principales de cette théorie ; les ils analytiques que l'on omet ici se trouvent dans uvrages que j'ai déjà publiés. J'ai desiré surtout préaux physiciens, dans un tableau peu étendu, l'en-

est considéré par les historiens des sciences comme l'ouvrage fondateur de la thermodynamique, la science de l'énergie [4], mais il anticipait aussi le rôle qu'allaient jouer les machines thermiques dans la révolution industrielle au XIXe siècle. Quant au mémoire de Joseph Fourier, il posait les bases de la théorie de l'effet de serre et envisageait l'incidence des activités humaines sur le climat de la planète.

Les parcours professionnels des deux auteurs avaient été très différents. Sadi Carnot, l'un des fils de Lazare Carnot qui fut ministre de la Guerre pendant la Révolution française (surnommé « L'organisateur de la victoire »), était polytechnicien et avait débuté une carrière militaire, après les guerres napoléoniennes, dans le corps du génie. Affecté dans un service d'inspection des fortifications, il avait suivi des cours d'économie industrielle au Conservatoire national des arts et métiers (CNAM) et au Collège de France. Il s'intéressa alors aux machines à vapeur et, en congé de l'armée, parti à Magdebourg en Allemagne pour revoir son père qui y était exilé, il visita sur place plusieurs usines fabriquant ou utilisant des machines à vapeur. De retour en France il publia, en 1824, ses *Réflexions sur la puissance motrice du feu,* il avait alors 28 ans.

Si Sadi Carnot ne faisait pas partie de l'*establishment* scientifique de son époque, Joseph Fourier, mathématicien et physicien, en était un membre actif. Après des études à l'École normale de l'an III, créée pendant la Révolution, il enseigna les mathématiques à l'École polytechnique, créée en 1795 et dirigée par le mathématicien Gaspard Monge. En 1798, il participa à la campagne d'Égypte de Bonaparte. À son retour, il reprit son poste de professeur à l'École polytechnique et poursuivit ses travaux en mathématiques sur les fonctions périodiques, puis fut nommé préfet de l'Isère par Napoléon. Il créa l'université de Grenoble et en devint le recteur, et il s'intéressa alors au problème de la conduction de la chaleur dans les solides. Brouillé avec Napoléon, après le retour de celui-ci de l'île d'Elbe, il retourna alors à Paris ; devenu académicien, il poursuivit ses travaux sur la chaleur [5].

---

4. CARDWELL Donald S.L., *From Watt to Clausius,* Ithaca, New York : Cornell University Press, 1971.

5. Il encouragea l'égyptologue Jean-François Champollion, dont la famille était installée à Grenoble, à poursuivre ses travaux sur les hiéroglyphes, et il fit construire la route de Grenoble à Briançon par le col du Lautaret. En mathématiques, il est l'auteur d'une méthode de décomposition des fonctions périodiques sous la forme de séries, dite de Fourier.

La machine à vapeur : un moteur universel pour la société

En 1824, lorsque Sadi Carnot publia son livre sur les « machines à feu », c'est-à-dire les machines à vapeur, celles-ci étaient au point. La première avait été inventée en Angleterre en 1698, par Thomas Savery, mais son rendement était très faible, elle permettait de pomper de l'eau dans une mine de charbon. L'étape décisive fut l'invention du condenseur séparé pour la vapeur par James Watt, à l'université de Glasgow en 1765, qu'il breveta en 1769 [6]. Il inventa aussi un régulateur de l'admission de la vapeur dans le cylindre de la machine qui évitait les à-coups dans son fonctionnement. James Watt, en s'associant à l'industriel Matthew Boulton, à Birmingham, fit de la machine à vapeur un appareil de laboratoire, une « machine » industrielle dont l'usage se répandit dans toute l'Europe à la fin du siècle.

Si les machines étaient au point, les ingénieurs comme Sadi Carnot et les physiciens et les chimistes de son époque ne comprenaient pas le rôle de la chaleur dans leur fonctionnement, ils faisaient l'hypothèse que celle-ci était un fluide sans masse, le « calorique » qui se transmettait d'une source chaude à une source froide [7]. Sadi Carnot soulignait d'entrée de jeu, dans l'introduction de son livre :

« Personne n'ignore que la chaleur peut être la cause du mouvement, qu'elle possède même une grande puissance motrice : les machines à vapeur, aujourd'hui si répandues, en sont une preuve parlante à tous les yeux. C'est à la chaleur que doivent être attribués les grands mouvements qui frappent nos regards sur la Terre ; c'est à elle que sont dues les agitations de l'atmosphère, l'ascension des nuages, la chute des pluies et des autres météores, les courants d'eau qui sillonnent la surface du globe et dont l'homme est parvenu à employer une faible partie... C'est dans cet immense réservoir que nous pouvons puiser la force mouvante nécessaire à nos besoins ; la nature, en nous offrant de toutes parts le combustible, nous a donné la faculté de faire naître en tout temps et en tous lieux la chaleur et la puissance motrice qui en est la suite. Développer cette puissance, l'approprier à notre usage, tel est l'objet des machines à feu. L'étude de ces machines est du plus haut intérêt, leur importance est immense, leur emploi s'accroît tous les jours. Elles paraissent destinées à produire une grande révolution dans le monde civilisé. Déjà la machine à vapeur exploite nos mines, fait mouvoir nos navires, creuse nos ports et nos rivières, forge le fer, façonne le bois, écrase les grains, file et ourdit nos étoffes, transporte les plus pesants fardeaux, etc. Elle

6. Celui-ci permettait à la vapeur, à la fin de sa détente dans le cylindre de la machine, de se condenser à l'extérieur et ainsi de ne pas le refroidir.

7. Ils expliquaient ainsi le phénomène de dilatation d'un gaz, lorsqu'il est chauffé : l'absorption du calorique par ses constituants augmenterait alors son volume.

semble devoir un jour servir de moteur universel et obtenir la préférence sur la force des animaux, les chutes d'eau et les courants d'air. Elle a, sur le premier de ces moteurs, l'avantage inappréciable de pouvoir s'employer en tout temps et en tous lieux, et de ne jamais souffrir d'interruption dans son travail. Si quelque jour le perfectionnement de la machine à feu s'étend assez loin pour la rendre peu coûteuse en établissement et en combustible, elle réunira toutes les qualités désirables, et fera prendre aux arts industriels un essor dont il sera difficile de prévoir toute l'étendue. »

Sadi Carnot

Ayant ainsi évoqué les enjeux économiques des machines à vapeur, il cite alors l'exemple de l'Angleterre, une vision prémonitoire car elle allait être la pionnière de la révolution industrielle : « Enlever aujourd'hui à l'Angleterre ses machines à vapeur, ce serait lui ôter à la fois la houille et le fer ; ce serait tarir toutes ses sources de richesse, ruiner tous ses moyens de prospérité ; ce serait anéantir cette puissance colossale. La destruction de sa marine, qu'elle regarde comme son plus ferme appui, lui serait peut-être moins funeste [8]. »

Pour expliquer le fonctionnement d'une machine à vapeur et les facteurs qui déterminent son rendement, Sadi Carnot mettait en avant « ce fait évident, ou qui du moins devient sensible dès que l'on réfléchit aux changements de volume occasionnés par la chaleur : partout où il existe une différence de température, il peut y avoir production de force motrice. Réciproquement, partout où l'on peut consommer de cette puissance, il est possible de faire naître une différence de température, il est possible d'occasionner une rupture d'équilibre dans le calorique [9]. » Il comparait une machine à vapeur à un moulin hydraulique installé sur une rivière : « dans la chute d'eau, la puissance motrice est rigoureusement proportionnelle à la différence de niveau entre le réservoir supérieur et le réservoir inférieur. [Dans une machine à vapeur], la puissance motrice augmente sans doute avec la différence de température entre le corps

8. La première ligne de chemin de fer ouverte dans le monde pour le transport de passagers et de marchandises fut mise en service en septembre 1825 entre Stockton et Darlington, dans le comté de Durham. Longue de 40 kilomètres, le train y était tracté par une locomotive à vapeur. La première avait été mise au point en 1814, par George Stephenson, pour transporter du charbon. La première ligne française fut inaugurée en 1828, entre Saint-Étienne et Andrézieux, pour le transport du charbon. La première machine de Watt fut importée à Paris par des industriels, les frères Périer, et installée dans le quartier de Chaillot en 1781, au bord de la Seine à la sortie d'un égout, pour pomper les eaux polluées de la Seine et les stocker dans un bassin, un problème qui demeure d'actualité en 2024... La Ville de Paris reconnaissante a donné leur nom à une rue du quartier de Chaillot.

9. Il anticipait en quelque sorte l'invention des pompes à chaleur...

chaud [la vapeur sortie de la chaudière] et le corps froid [le condenseur] [10]. » Autrement dit, plus l'écart de température est important entre la source chaude (la vapeur sortant de la chaudière) et la source froide (le condenseur), meilleur est le rendement.

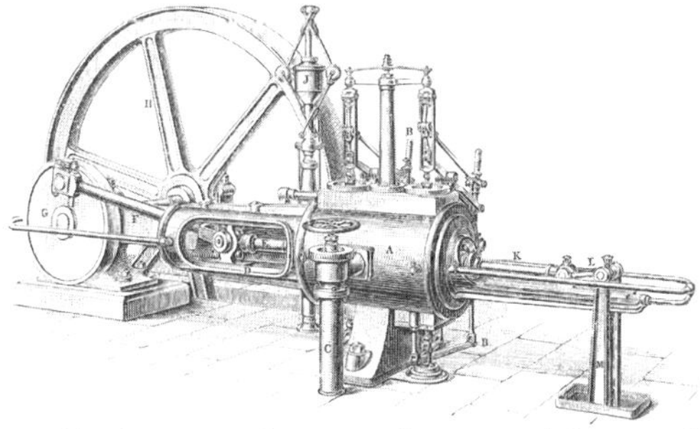
Machine à vapeur ancienne - © Hein Nouwens / Shutterstock

Une technique d'avenir : le moteur à explosion

Il observait que l'utilisation de la vapeur d'eau à haute température, et donc à très haute pression, augmenterait certes le rendement de la machine, mais « qu'un des inconvénients les plus graves de la vapeur est de ne pouvoir pas être prise à de hautes températures sans nécessiter l'emploi de vaisseaux [des chaudières] d'une force extraordinaire. Il n'en est pas de même de l'air, pour lequel il n'existe pas de rapport nécessaire entre la force élastique et la température. L'air semblerait donc plus propre que la vapeur à réaliser la puissance motrice des chutes du calorique dans les degrés élevés [...] l'emploi de l'air atmosphérique au développement de la puissance motrice de la chaleur présenterait, dans la pratique, des difficultés très grandes, mais peut-être pas insurmontables ; si on parvenait à les vaincre, il offrirait sans doute une supériorité remarquable sur la vapeur d'eau. »

Autrement dit, Sadi Carnot envisageait la possibilité de mettre au point des moteurs à « air chaud », une idée qu'il développait dans une longue note en bas de page de son livre : « Parmi les tentatives faites pour développer la puissance motrice du feu, par l'intermédiaire de l'air atmosphérique, on doit distinguer celles de MM [Messieurs] Niepce qui ont eu lieu en France il y a plusieurs années, au moyen d'un appareil nommé par les inventeurs "pyréolophore". Voici en quoi consistait à peu près cet appareil : c'était un cylindre, muni d'un piston où l'air atmosphérique était introduit à la densité ordinaire. L'on y projetait une matière très combustible, réduite à un grand état de ténuité, et qui restait un moment en suspension dans l'air, puis on y mettait le feu. L'inflammation produisait à peu près le même effet que si le fluide élastique eût été mélangé d'air et de gaz combustible, d'air et d'hydrogène carboné par exemple ; il y avait une sorte d'explosion et une dilatation subite du fluide élastique, dilatation que l'on met-

10. Il comparait implicitement la chaleur à un fluide qui était à la base du paradigme du calorique. Il était sans doute influencé par les travaux de son père, Lazare Carnot, qui était ingénieur hydraulicien, spécialiste des moulins à eau...

tait à profit en la faisant agir tout entière contre le piston... [11] »

En dépit de l'échec des frères Niepce, Sadi Carnot « prévoyait » l'avènement des futurs moteurs à gaz et à explosion, et il mentionnait aussi que l'on avait « proposé quelque fois l'emploi de vapeur d'alcool [12] ; on a même construit des machines dont le but était de rendre cet emploi possible en évitant de mêler les vapeurs avec l'eau de condensation... » Il concluait sur ce point : « C'est donc sur l'emploi de la vapeur d'eau et de l'air atmosphérique que doivent porter les tentatives ultérieures de perfectionnement des machines à feu ; c'est à utiliser, par le moyen de ces agents, les plus grandes chutes du calorique, que doivent être dirigés tous les efforts. » Il terminait son livre en soulignant que « l'économie des combustibles n'est qu'une des conditions à remplir par les machines à feu ; dans beaucoup de circonstances, elle n'est que secondaire, elle doit souvent céder le pas à la sûreté, à la solidité, à la durée de la machine, au peu de place qu'il faut lui faire occuper, au peu de frais de son établissement, etc. [13] »

Les lois de la chaleur commandent le climat

Joseph Fourier, qui avait mis en équation les mécanismes de diffusion de la chaleur dans la matière, précisait dans l'introduction de son mémoire qu'il voulait poser les bases scientifiques de l'étude de la température de la Terre : « La question des températures terrestres, l'une des plus importantes et des plus difficiles de toute la Philosophie naturelle, se compose d'éléments assez divers qui doivent être considérés sous un point de vue général et j'ai désiré surtout présenter aux physiciens, dans un tableau peu étendu, l'ensemble des phénomènes et les rapports mathématiques qu'ils ont entre eux. La chaleur du globe terrestre dérive de trois sources qu'il est d'abord nécessaire de distinguer. 1) La Terre est réchauffée par les rayons solaires, dont l'inégale distribution produit la diversité des climats. 2) Elle participe à la température commune des espaces planétaires, étant exposée à l'irradiation des astres innombrables qui environnent de toutes parts le système solaire. 3) La Terre a conservé dans l'intérieur de sa masse une partie de la cha-

11. Les frères Claude et Nicéphore Niepce avaient utilisé un mélange de poudre de charbon et de lycopode pour faire fonctionner leur moteur qui équipa un bateau sur la Saône, en 1807, avec un succès mitigé. Malgré le soutien de l'académicien Lazare Carnot, ils ne purent obtenir de financement pour leurs travaux. Nicéphore prit sa revanche, quelques années plus tard, en inventant le premier procédé pour faire des photographies, il ne breveta pas son invention pour la laisser dans le domaine public. Les notes en bas de page sont souvent importantes...

12. En Suisse, en 1806, Isaac de Rivaz avait mis au point un moteur, monté sur un véhicule, fonctionnant avec un cylindre dans lequel on déclenchait l'explosion, par une étincelle électrique, d'un mélange d'air et d'hydrogène sulfuré, qui poussait un piston monté sur un véhicule ; il n'eut pas beaucoup de succès.

13. Les citations sont extraites *Réflexions sur la puissance motrice du feu [...]*, *op. cit.*, réédition de la Librairie scientifique Blanchard (Paris), 1953, p. 1-4 ,16, 28, 110-111, 117.

leur primitive, qu'elle contenait lorsque les planètes ont été formées. »

Joseph Fourier

Il soulignait ensuite que l'une des principales causes du réchauffement de la Terre était l'action continue des rayons solaires pénétrant son atmosphère. Il rappelait l'expérience réalisée par le géologue genevois Horace Bénédict de Saussure, à la fin du XVIIIe siècle : elle montrait, sans ambiguïté, que la température de l'air d'un vase exposé au soleil augmentait fortement et qu'alors, « la chaleur, arrivant à l'état de lumière jusqu'à la terre solide, perdrait tout à coup et presque entièrement la faculté qu'elle avait de traverser les solides diaphanes ; elle s'accumulerait dans les couches inférieures de l'atmosphère qui acquerraient ainsi des températures élevées... La température du sol est augmentée par l'interposition de l'atmosphère, parce que la chaleur solaire trouve moins d'obstacles pour pénétrer l'air, étant à l'état de lumière, qu'elle n'en trouve pour repasser dans l'air lorsqu'elle est convertie en chaleur obscure [14]. »

Joseph Fourier concluait ses considérations sur l'impact du rayonnement solaire sur l'atmosphère terrestre par une mise en garde : « Les mouvements de l'air et des eaux, l'étendue des mers, l'élévation et la forme du sol, les effets de l'industrie humaine et tous les changements accidentels de la surface terrestre modifient les températures dans chaque climat. Les caractères des phénomènes dus aux causes générales subsistent ; mais les effets thermométriques observés à la superficie sont différents de ceux qui auraient lieu sans l'influence des causes accessoires [15]. » Les hypothèses de Joseph Fourier sur le réchauffement de l'atmosphère terrestre se sont avérées pertinentes et le phénomène de l'effet de serre fut expliqué, en 1861, par le physicien John Tyndall qui montra la responsabilité de la vapeur d'eau et du dioxyde de carbone dans le réchauffement de l'atmosphère terrestre, ce que confirma en 1896 le chimiste suédois Svante Arrhenius [16] ; le rôle du rayonnement infrarouge dans son réchauffement, qualifié de « chaleur obscure » par Joseph

14. La « chaleur obscure » à laquelle fait allusion Joseph Fourier est en fait le rayonnement infrarouge dont l'existence avait été mise en évidence en 1800 par l'astronome allemand William Herschel. Le physicien et géologue genevois Benedict de Saussure fut parmi les premiers à atteindre le sommet du mont Blanc en 1787, accompagné de son domestique et de 18 guides... Cette ascension fut considérée comme l'acte fondateur de l'alpinisme. Voir DUFRESNE Jean-Louis, « Jean-Baptiste Joseph Fourier et la découverte de l'effet de serre », *La Météorologie*, vol. 53, mai 2006, p. 42-46. URL : https://lameteorologie.fr/issues/2006/53/meteo_2006_53_42. Consulté le 28 juin 2024.

15. Citations extraites du mémoire de Joseph Fourier, *op. cit.*, p. 136-137, 152 et 155.

16. Il fit l'hypothèse qu'un doublement de la teneur en dioxyde de carbone de l'atmosphère terrestre augmenterait sa température de 4 °C.

Fourier, fut également confirmé [17], il était réémis par le sol et les gaz qui la constituent.

Les visions prémonitoires de la science

Les hypothèses formulées par Sadi Carnot sur les bouleversements qu'allait apporter à la société la « puissance motrice du feu » se sont avérées prémonitoires, et ses prévisions sur la mise au point de machines thermiques fonctionnant avec de « l'air chaud » étaient pertinentes. Le premier moteur à gaz, le moteur Lenoir, fut inventé en 1860. Sadi Carnot poursuivit ses travaux après la publication de son livre, qui eut peu de succès, mais il renonça à la théorie du calorique, et dans une note ultérieure, il formula alors une première ébauche du principe de l'équivalence de la chaleur et de la « puissance motrice » : « La chaleur n'est autre chose que la puissance motrice ou plutôt que le mouvement qui a changé de forme, c'est un mouvement. Partout où il y a destruction de puissance motrice — écrivait-il — il y a en même temps production de chaleur précisément proportionnelle à la quantité de puissance motrice détruite. Réciproquement, partout où il y a production de chaleur, il y a production de puissance motrice [18]. »

Ayant constaté l'équivalence de la chaleur et du travail, il en déduisit alors une première formulation du principe de conservation de l'énergie, la première loi de la thermodynamique, sous ses deux formes la chaleur et la puissance motrice, le travail. Elle n'a jamais été mise en défaut depuis lors et, aujourd'hui, son énoncé est très simple : dans un système fermé, l'énergie est conservée. Sadi Carnot mourut, en 1832, victime de l'épidémie de choléra qui fit près de 20 000 morts à Paris (et 100 000 dans toute la France, parmi lesquels Casimir Perier, le Premier ministre de Louis-Philippe).

Le livre de Sadi Carnot, qui n'avait pas attiré l'attention lors de sa publication, fut traduit en anglais après sa mort, et il donna alors lieu à beaucoup de commentaires outre-Manche. Toute une cohorte de physiciens en Angleterre, en Allemagne et en Autriche poursuivit les travaux de Sadi Carnot (James Prescott Joule, Rudolf Clausius, Jožef Stefan et Ludwig Boltzmann…) et ceux de Joseph Fourier sur la propagation de la chaleur ; ils posèrent les bases de la science de l'énergie. La théorie du calorique fut abandonnée au profit d'une conception atomique ou atomiste de la chaleur, celle-ci étant associée à la « force vive » des atomes, c'est-à-dire leur énergie cinétique [19].

17. Le GIEC (Groupe d'experts intergouvernemental sur l'évolution du climat) utilise, aujourd'hui, le terme de « forçage radiatif » pour décrire l'influence des gaz à effet de serre sur le bilan thermique de la Terre.

18. CARNOT Sadi, *Réflexions […], op. cit.* (1953), p. 134.

19. Les physiciens énoncèrent, notamment, la deuxième loi de la thermodynamique, baptisée aussi principe de Carnot : « il est impossible d'effectuer une transformation dont le seul résultat est de transférer la chaleur d'un corps plus froid à un corps plus chaud ».

Sadi Carnot avait aussi envisagé les bouleversements économiques qu'allait introduire dans la société l'utilisation à grande échelle de l'énergie thermique et des machines à vapeur, et annoncé l'avènement de la « révolution industrielle » qui avait déjà commencé en Angleterre et qui aurait, estimait-il, un impact mondial. Quant à Joseph Fourier, il envisageait déjà la possibilité que les activités humaines, notamment l'industrie, aient un impact sur le climat de la planète. Le livre de Sadi Carnot et le mémoire de Joseph Fourier anticipaient le rôle de « vigie » que pourrait jouer, ultérieurement, la science dans les sociétés modernes. Nous pouvons tirer aussi des leçons de la « longue marche » que fut la mise au point de la « machine à feu », puis celle des moteurs à air dont Sadi Carnot prévoyait la mise au point : l'accélération du progrès technique est souvent un mythe, en particulier dans le domaine de l'énergie où, comme le soulignait d'ailleurs Sadi Carnot, des investissements importants sont souvent nécessaires [20]. ■

20. *Cf.* SMIL Vaclav, *Invention and Innovation: A Brief History of Hype and Failure*, Cambridge, Mass. : MIT (Massachusetts Institute of Technology) Press, 2023. Selon l'auteur, le transistor est l'un des rares exemples d'invention qui, dans la période récente, a été à l'origine de progrès techniques rapides dans de nombreux domaines. Observons aussi que si l'utilisation du silicium, un semi-conducteur, dans des panneaux solaires photovoltaïques pour produire de l'électricité a été découverte aux laboratoires de la Bell Telephone Company, aux États-Unis, en 1955, cette technique énergétique n'a décollé qu'au début du XXIe siècle.

SESSIONS DE FORMATION FUTURIBLES

Introduction à la prospective

Animée par François de Jouvenel, délégué général de Futuribles International

Vendredi 27 septembre 2024 • Prix : 1 116 euros TTC*
Vendredi 29 novembre 2024 • Prix : 1 116 euros TTC*

Le *design fiction* et la narration au service de la prospective

Animée par Pierre-Antoine Marti, directeur d'études à Futuribles, avec la participation d'un grand témoin

Vendredi 4 octobre 2024 • Prix : 1 116 euros TTC*

La prospective pour les territoires

Animée par Frédéric Weill, directeur d'études à Futuribles, et Quentin Bisalli, chargé d'études à Futuribles

Jeudi 10 et vendredi 11 octobre 2024 • Prix : 1 716 euros TTC*

Causal Layered Analysis Masterclass

Facilitated by Sohail Inayatullah, political scientist and futurist, UNESCO Chair in Futures Studies at the Sejahtera Centre for Sustainability and Humanity, IIUM, Malaysia, and by Ivana Milojević, director of Metafuture.org

Mardi 15 octobre 2024 • Prix : 1 116 euros TTC*

La veille et l'analyse prospective

Animée par Cécile Désaunay, directrice d'études à Futuribles, Jérôme Bondu, directeur de la société Inter-Ligere, et François de Jouvenel, avec la participation d'un grand témoin

Jeudi 17 et vendredi 18 octobre 2024 • Prix : 1 716 euros TTC*
Jeudi 30 et vendredi 31 janvier 2025 • Prix : 1 716 euros TTC*

Pratiques de la prospective stratégique

Animée par François Bourse, directeur d'études à Futuribles, Cécile Désaunay, et Quentin Bisalli

Jeudi 7 et vendredi 8 novembre 2024 • Prix : 1 716 euros TTC*
Jeudi 16 et vendredi 17 janvier 2025 • Prix : 1 716 euros TTC*

Atelier de construction de scénarios prospectifs

Animée par Cécile Désaunay, Marie Ségur, directrice d'études à Futuribles, et Antoine Le Bec, chargé d'études à Futuribles (session de novembre) ou par François de Jouvenel, Quentin Bisalli et Juliette Guilbaud, chargée d'études à Futuribles (session de décembre)

Jeudi 14 et vendredi 15 novembre 2024 • Prix : 1 716 euros TTC*
Jeudi 12 et vendredi 13 décembre 2024 • Prix : 1 716 euros TTC*

**Remise de 10 % pour inscription multiple dès la deuxième inscription ; dispense des frais d'inscription pour les membres partenaires de Futuribles International (valable pour une personne par formation dans la limite des places disponibles). Futuribles est un organisme de formation certifié Qualiopi.*

Informations complémentaires : Corinne Roëls • E-mail : croels@futuribles.com
Futuribles International - 47, rue de Babylone - 75007 Paris - France • Tél. : + 33 (0)1 53 63 37 71
Site Internet : https://www.futuribles.com/formations/calendrier-des-formations/

L'adhésion de l'Ukraine et de la Moldavie

Ouverture de la négociation d'entrée dans l'Union européenne

Par Jean-François Drevet [1]

Après une période florissante durant laquelle les candidatures à l'entrée dans la Communauté européenne puis les adhésions effectives se sont succédé, depuis 2013 et l'entrée effective de la Croatie dans l'Union, le territoire européen ne s'est pas étendu. Il a même régressé suite au Brexit et à la sortie du Royaume-Uni en 2020. Cependant, le retour de la guerre sur le Vieux Continent a ravivé l'envie d'Europe dans certains pays directement ou indirectement menacés par la Russie. On l'a vu avec l'Ukraine dont la candidature a pu être présentée plus vite que prévu et dont les négociations d'adhésion ont été officiellement ouvertes en juin 2024, en même temps que celles de la Moldavie ; et la Géorgie ne devrait plus tarder à les rejoindre. Il est vrai, comme le rappelle ici Jean-François Drevet, que l'Union a montré, au fil du temps, sa capacité à préserver la paix sur un continent meurtri par des siècles d'affrontements, ainsi qu'à stimuler le développement socio-économique de ses États membres. Toutefois, s'agissant des nouvelles et futures candidatures, deux difficultés se font jour : l'impératif de respecter les critères d'adhésion en matière de valeurs démocratiques ; et la capacité de l'Union à continuer à maintenir la paix et la sécurité dans le contexte du retour de la guerre et d'une Alliance atlantique peu investie. Sur ce dernier point — le volet sécuritaire —, on voit mal comment l'Union pourrait inverser la vapeur à court ou moyen terme. S.D.

À la fin de juin 2024, en confirmant l'accord de principe déjà acquis en 2023, l'Union européenne (UE) a validé son cadre de négociation avec l'Ukraine et la Moldavie. Qualifiée de symbolique, cette décision ouvre une longue période d'examen de la

1. Ancien fonctionnaire à la Commission européenne. Les propos exprimés ici n'engagent que leur auteur.

mise en œuvre de la législation européenne, regroupée en 35 chapitres, dont chaque ouverture et clôture va requérir un accord à l'unanimité des 27 États membres. Compte tenu de sa situation politique précaire, la Géorgie ne fait pas encore partie de ce processus [2].

De leur adhésion, l'Ukraine, la Moldavie et aussi la Géorgie espèrent la prospérité, le renforcement de l'état de droit et même un supplément de sécurité. En dépit des pressions de la Russie, des difficultés internes de l'UE, est-il possible d'y parvenir ?

Nous allons tenter de situer ces enjeux à travers les trois composantes fondamentales du projet européen — le marché unique, la défense de la démocratie et le besoin de sécurité —, telles qu'elles se présentent dans le contexte du retour de la guerre en Europe.

Vers un succès économique ?

Pendant que l'UE célébrait avec modestie le 20e anniversaire de son « grand élargissement [3] », la Banque européenne pour la reconstruction et le développement (BERD) a publié des analyses [4] montrant que les adhésions de 2004-2007 [5] avaient permis aux huit nouveaux membres d'Europe centrale de réduire fortement leurs écarts de revenu avec les anciens.

En effet, la forte croissance de leur produit intérieur brut par habitant (PIB/hab.) [6] a entraîné un net rapprochement des niveaux de vie : de 14 % de la moyenne allemande en 1995, il est passé à 50 % en 2023. Sur les 24 points de convergence observés, 10 le sont aussi dans les économies émergentes qui n'ont pas adhéré à l'UE ; les 14 autres constituent une prime à l'adhésion. Ainsi les effets de l'adhésion (augmentation des échanges, sécurisation de l'investissement étranger, apport des fonds structurels européens) ont-ils fortement contribué à leur rattrapage socio-économique, conformément aux objectifs des politiques de cohésion définis dès 1988 par la Commission Delors.

Ce résultat est d'autant plus intéressant que des évaluations très pessimistes n'avaient pas manqué, annonçant des problèmes d'adaptation quasi insurmontables qui ne se sont pas confirmés. En fait, chaque élargissement a confronté les États membres à des adhérents au PIB/hab. inférieur à la moyenne des anciens : le Royaume-Uni, l'Irlande et le Danemark (– 3 % par rapport à

2. Bien que, d'après les sondages d'opinion, 80 % de la population soient favorables à l'adhésion.

3. Suite à l'entrée en vigueur du traité d'Athènes de 2003, l'UE, en mai 2004, s'est élargie à 10 pays : Chypre, Malte et huit pays d'Europe centrale et orientale (République tchèque, Estonie, Hongrie, Lettonie, Lituanie, Pologne, Slovaquie et Slovénie).

4. *Regional Economic Prospects,* BERD, mai 2024. URL : https://www.ebrd.com/rep-may-2024.pdf. Consulté le 30 juin 2024.

5. Outre les 10 pays entrés en mai 2004, l'UE a ensuite accueilli la Roumanie et la Bulgarie, en 2007, puis la Croatie en 2013.

6. Aux taux de change courants.

Carte 1. **Les élargissements successifs de l'Union européenne depuis 1957**

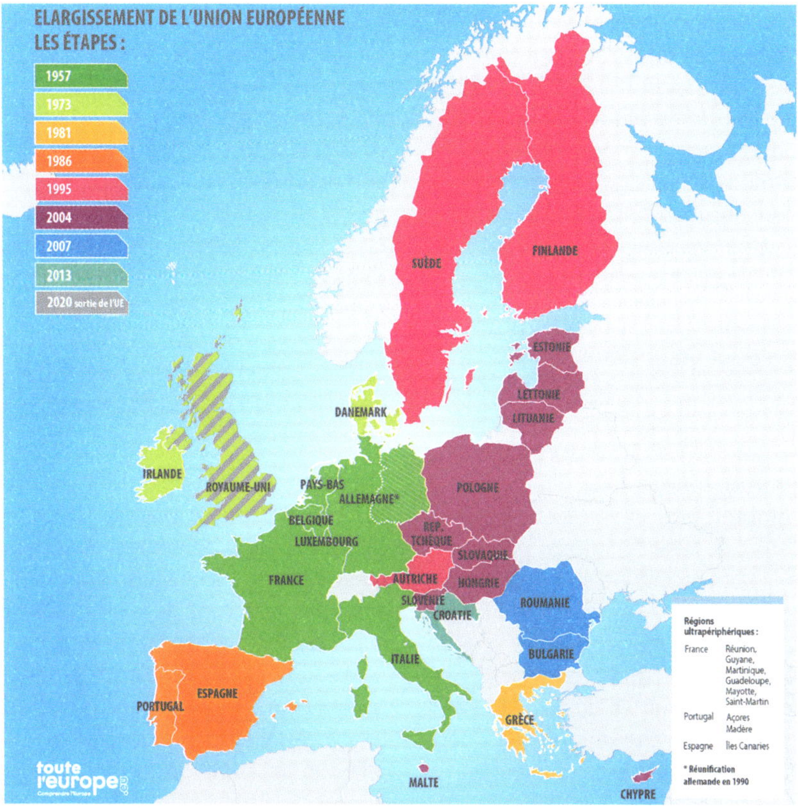

Source : « Les élargissements de l'Union européenne, de 6 à 27 États membres », *Toute l'Europe*, 15 février 2022. URL : https://www.touteleurope.eu/fonctionnement-de-l-ue/les-elargissements-de-l-union-europeenne-de-6-a-27-etats-membres/. Consulté le 3 juillet 2024.

la moyenne des États membres avant leur entrée), la Grèce, l'Espagne et le Portugal (– 6 %), la Suède, la Finlande et l'Autriche (– 3 %, l'effet à la baisse du PIB/hab. de l'unification allemande ayant été plus fort que celui à la hausse des trois nouveaux membres) et – 16 % avec l'adhésion des pays d'Europe centrale [7].

Ainsi, bien que les écarts de développement se soient accrus avec l'entrée dans l'UE de pays de plus en plus éloignés du noyau initial, la dynamique d'intégration a fonctionné, soit explicitement à travers une politique *ad hoc*, soit indirectement par l'amélioration du climat des affaires, la facilitation des échanges et l'accroissement des investissements étrangers apportés par l'adhésion.

Ce résultat a été obtenu au prix d'un effort budgétaire modéré,

7. *Source :* « Agenda 2000 », Commission européenne, Communication COM (97)2000 final, étude d'impact, p. 23.

puisque les transferts entre États membres se sont élevés à environ un demi-point de PIB de l'UE, dans un budget total confiné depuis des décennies à un peu plus de 1 % de ce PIB. Ce qui est probablement trop peu, car l'accroissement des inégalités internes dans les nouveaux membres aurait justifié des transferts budgétaires plus importants [8].

L'intégration est donc un succès. On peut en critiquer les modalités, trouver les politiques communes excessivement libérales (à gauche) ou trop normatives (à droite), mais la machine économique fonctionne. C'est ce que l'UE sait faire de mieux, grâce à la robustesse de son système juridique et à l'efficacité de ses institutions, notamment à la systématisation du vote à la majorité qualifiée pour les décisions relatives au marché unique, à l'exception significative de la fiscalité.

Peut-on présumer qu'il en irait de même avec les nouveaux candidats ? À ce stade, la réponse est difficile, en raison des incertitudes concernant les deux autres composantes du projet européen : le respect des valeurs démocratiques et sa contribution à la sécurité de ses États membres.

L'impératif démocratique en question

S'il est présent dès les origines de la Communauté économique européenne (CEE), l'impératif démocratique a pris une importance croissante avec l'émergence de candidatures de plus en plus éloignées du noyau initial. En 1975, en acceptant la candidature grecque, après avoir suspendu son accord d'association pendant la dictature des colonels, la CEE confirme explicitement sa priorité démocratique : pour le Premier ministre (1974-1980) Constantin Karamanlis, l'objectif prioritaire de l'adhésion est de rendre définitive la conversion de son pays à la démocratie.

Mais en mettant explicitement cet aspect au premier plan, la Grèce ouvre la voie à beaucoup d'autres. Il est désormais entendu (sinon accepté) que tout pays européen accédant à la démocratie dispose d'une sorte de droit d'entrée dans la Communauté, bien qu'on n'en ait pas eu vraiment conscience à l'époque. Aussi longtemps que le mur de Berlin était debout, le nombre de candidats potentiels était faible. Depuis qu'il est tombé, l'UE est confrontée à la multiplication des candidatures : après les élargissements de 2004-2007, la salle d'attente s'est à nouveau remplie. Au total, pour une vingtaine de pays, des confins des Alpes à la mer Noire, l'avenir s'est inscrit dans l'adhésion à l'UE.

Celle-ci l'a accepté, non seulement parce que c'était prévu par le traité [9] et dans les accords d'association avec la Grèce et la

8. *Cf.* DREVET Jean-François, *Histoire de la politique régionale de l'Union européenne,* Paris : Belin, 2008.

9. Depuis les origines et maintenant sous la forme de l'article 49 : « tout État européen qui respecte les valeurs visées à l'article 2 et s'engage à les promouvoir peut demander à devenir membre de l'Union [...] Les critères d'éligibilité approuvés par le Conseil européen sont pris en compte. »

Turquie [10], mais aussi parce que la consolidation de la démocratie, initialement confinée à l'ouest du continent, est devenue un objectif majeur pour l'Europe tout entière.

Mais l'UE a aussi voulu se prémunir contre le risque de régression. Dans les critères de Copenhague (ci-contre), le respect de la démocratie est mis au premier plan, jusqu'à devenir un préalable à l'ouverture des négociations : ainsi la Slovaquie, tentée de revenir à des formes de gouvernance qu'on qualifierait aujourd'hui d'« illibérales », n'a-t-elle pas été retenue parmi les pays sélectionnés pour entrer en négociation en 1998.

Ce qu'on a appelé, depuis, les « critères politiques » de l'adhésion ont ainsi pris toute leur importance. Les institutions européennes analysent leurs conditions de mise en œuvre dans des rapports annuels, rédigés en termes diplomatiques, mais en évaluant de manière très détaillée les performances des candidats et les tâches qu'il leur reste à accomplir pour rejoindre les *standards* européens. Dans les années 1990-2000, ces exigences ont été assez bien comprises et le plus souvent suivies d'effets. Quand les gouvernements étaient réticents, ils y ont été souvent poussés par leur opinion publique.

Sur ce point sensible, l'ombre de la candidature turque, déposée en 1987, ajournée par la Commission en 1989 et réitérée par Ankara en parallèle aux demandes des pays d'Europe centrale, a joué un rôle significatif. Déjà engagée dans l'économie de marché, en union douanière avec l'UE depuis 1995, la Turquie pouvait apparaître comme plus avancée que les pays ex-communistes et donc plus proche de l'adhésion. Mais sa conformité aux critères politiques, déjà problématique avant 2002, est allée en décroissant. Avant l'arrivée des islamistes, Ankara bénéficiait d'une fenêtre d'opportunité qu'elle n'a pas su exploiter. Forts du soutien du Royaume-Uni et des États-Unis [11], ses dirigeants ont cru qu'ils pourraient adhérer à leurs conditions et ils ont multiplié les objections, en négociant

Les critères de Copenhague

Il est stipulé dans le traité sur l'UE que « l'adhésion requiert du pays candidat :

- qu'il ait des institutions stables, garantissant la démocratie, la primauté du droit, les droits de l'homme, le respect des minorités et leur protection ;
- l'existence d'une économie de marché viable ainsi que la capacité de faire face à la pression concurrentielle et aux forces du marché à l'intérieur de l'Union ;
- la capacité du pays candidat à assumer les obligations, et notamment de souscrire aux objectifs de l'Union politique, économique et monétaire. » ■

10. À qui cette opportunité a été offerte dès 1963 par l'article 28 de leurs traités d'association à la CEE : « Lorsque le fonctionnement de l'accord aura permis d'envisager l'acceptation intégrale de la part de la Grèce (ou de la Turquie) des obligations découlant du traité instituant la Communauté, les parties contractantes examineront la possibilité d'une adhésion de la Grèce (ou de la Turquie) à la Communauté. »

11. À Londres, en vue d'exploiter l'adhésion turque pour diluer la construction européenne, à Washington pour consolider la position stratégique des États-Unis au Proche-Orient.

plutôt qu'en se conformant à la loi (*bargaining instead of complying*). Ainsi la Turquie s'est-elle forgé un statut de candidat éternel dont elle n'est toujours pas parvenue à s'extraire, ce qui comble d'aise ceux qui n'en veulent à aucun prix dans l'UE.

Dans les Balkans occidentaux, les performances démocratiques des candidats se sont révélées préoccupantes en raison des progrès insuffisants et fragiles des gouvernances locales. Ayant affirmé la « vocation européenne » de ces pays, l'UE a opté pour la patience, en espérant que l'attrait de l'adhésion, qui avait joué un rôle si important dans les candidatures antérieures, suffirait à surmonter les obstacles. En fait, seule la Croatie a pu adhérer en 2013, de fortes résistances à la démocratie s'étant maintenues dans les autres pays, qui les ont confinés dans une attente interminable. Pas trop enthousiasmés par la séparation des pouvoirs, les hiérarques locaux cherchent maintenant à faire jouer la concurrence en se rapprochant de la Russie, de la Chine, de la Turquie et des pétromonarchies du Golfe.

Dans l'UE, les vagues populistes qui ont atteint l'Europe entière ont aussi mis fin à la dynamique qui s'était développée jusqu'en 2004. La montée du souverainisme porte implicitement, sinon explicitement, atteinte à l'état de droit. Déjà un facteur significatif de paralysie des négociations d'adhésion, elle entraîne aussi des conflits dans l'UE. Les démêlés des institutions européennes avec la Pologne et la Hongrie démontrent que ce qu'on reproche aux pays candidats peut aussi concerner des États membres.

En raison de l'inefficacité de l'article 7, le débat s'est focalisé sur la conditionnalité [12]. Avec l'accession au pouvoir de majorités souverainistes, on ne peut plus exclure des mises en quarantaine, un processus inverse de l'élargissement dont nous traitons ici. Avec ceux qui ne parviennent pas à entrer et ceux qui évoluent vers la sortie, faut-il redouter la formation d'une « zone grise [13] », sous l'influence de majorités de rencontre oscillant entre les articles 49 (adhésion) et 50 (sortie de l'UE) [14] ?

Ce contexte n'est pas favorable à un traitement de faveur des nouveaux candidats. Si l'Ukraine, pays en guerre, ne peut pas être évaluée en fonction des mêmes critères que les autres pays, elle n'est pas bien cotée par les indicateurs des organisations non gouvernementales [15] en matière de respect des droits humains et de lutte anticorruption. Ce n'est pas fondamentalement mieux en Moldavie

---

12. VIEILLEDENT Catherine, « Financements européens, conditionnalité et respect des valeurs. L'Union européenne s'arme », *Futuribles*, n° 459, mars-avril 2024, p. 79-88.

13. Si les sorties de l'UE ont été rares (seuls le Groenland en 1985 et le Royaume-Uni en 2020 ont quitté l'UE), les velléités d'adhésion n'ont pas manqué : la Norvège, la Suisse et l'Islande. On peut y ajouter le retrait provisoire de Malte.

14. Article 50§1 : « tout État membre peut décider, conformément à ses règles constitutionnelles, de se retirer de l'Union. »

15. Transparency International, Freedom in the World, Reporters sans frontières.

et en Géorgie, où subsistent des menaces de retour à des régimes autoritaires téléguidés depuis Moscou. Ces réalités ne pourront que peser négativement dans les futures négociations.

La montée des problèmes de sécurité

Depuis le début de l'aventure européenne, cette dimension est essentielle. Comme l'a souligné François Mitterrand au moment de la ratification du traité de Maastricht, « l'Europe c'est la paix », ce qui va bien plus loin que la réconciliation franco-allemande. L'objectif fondamental des pères fondateurs était de rendre impossible le retour de la guerre en Europe. Plus la construction européenne s'est développée et plus il est devenu évident, notamment pour ceux qui n'en faisaient pas partie, qu'elle y était parvenue, en dépit de la guerre froide et grâce à la protection apportée par les États-Unis.

Dans ce domaine, où elle ne dispose que de compétences réduites, l'écart entre les aspirations des candidats et les capacités de l'UE à y répondre est abyssal. Après l'échec de la Communauté européenne de défense (CED) [16], les interminables débats sur une identité européenne de défense ont longtemps paralysé l'Union. Encore aujourd'hui, pour assurer leur sécurité, les États membres doivent avant tout compter sur eux-mêmes ; ceux qui sont membres de l'Alliance atlantique s'estiment protégés par l'article 5 du traité OTAN [17]. Mais le chantage turc face aux demandes d'adhésion de la Finlande et de la Suède, et les menaces de Donald Trump rappellent que l'Alliance est une organisation intergouvernementale, susceptible de remise

Carte 2. **Les pays candidats à l'adhésion européenne en 2024**

*Candidature déposée pour le Kosovo ; en jaune = candidatures officielles.
Source : Parlement européen.

16. Le traité de création d'une Communauté européenne de défense n'ayant pas été ratifié par la France (en 1954).

17. Après l'adhésion de la Suède et de la Finlande, tous les États de l'UE sont aussi membres de l'Organisation du traité de l'Atlantique Nord (OTAN), à l'exception de l'Autriche, de l'Irlande, de Chypre et de Malte.

en question de la part de l'un ou l'autre de ses membres, y compris les États-Unis. Rien de tout cela n'est particulièrement rassurant pour les trois candidats dont une partie du territoire est déjà occupée par un pays tiers.

À l'origine, cette répartition des tâches entre l'UE et l'OTAN a été facilitée par l'absence de conflit entre membres fondateurs de la CEE à six [18] et le contexte de la guerre froide. En 1973, l'adhésion britannique a bien importé le problème nord-irlandais et le contentieux de Gibraltar, mais sans conséquence notable sur la vie de la Communauté, y compris pendant la guerre des Malouines.

Il n'en va pas de même avec la candidature grecque. En 1975, elle exprime la crainte existentielle d'un pays isolé de neuf millions d'habitants face à une puissance hostile de 40 millions en expansion démographique. Il s'y ajoute le sentiment de ne pas pouvoir compter sur l'OTAN, puisque la Turquie en est aussi membre. En fait, et bien qu'elle ait peu à lui offrir, la Communauté de l'époque a apporté à Athènes un appui diplomatique appréciable, dont la possibilité de bloquer indéfiniment une éventuelle adhésion turque. Avec le vote à l'unanimité, dont Athènes a usé et abusé, la Communauté s'est trouvée confrontée aux complexités du bassin oriental de la Méditerranée sans avoir beaucoup de moyens d'action. Si les tensions ont été atténuées, les problèmes n'ont pas été résolus.

En Europe centrale, dans les années 1990, c'est en ayant conscience de ces implications géopolitiques croissantes que l'UE a voulu éviter l'importation des vieux conflits de voisinage antérieurs à la congélation soviétique. En conséquence, elle a exigé des candidats des traités de reconnaissance mutuelle de leurs frontières et de respect des minorités. Ce qu'ils ont fait avec plus ou moins d'enthousiasme, mais assez d'efficacité pour que ces querelles ne soient pas réapparues par la suite.

Une exception cependant : en 1990, quand Chypre dépose sa candidature, plusieurs États membres veulent faire de la réunification de l'île un préalable à l'ouverture des négociations. Cette option étant écartée pour ne pas donner un droit de veto à la Turquie, droit qui n'appartient qu'à un État membre, Chypre a adhéré en 2004 comme l'Allemagne en 1958, avec un gouvernement légal ne contrôlant pas la totalité de son territoire.

Ce précédent prend aujourd'hui toute son importance, avec trois candidats qui sont dans une situation comparable sinon pire, leur territoire étant partiellement occupé par la Russie en Ukraine, en Transnistrie moldave, en Ossétie du Sud et en Abkhazie géorgiennes. L'UE, qui n'est pas parvenue à rétablir le droit inter-

18. En 1958, la France et l'Allemagne venaient de solder leur différend sur la Sarre et la décolonisation était déjà bien avancée.

national à Chypre, non membre de l'OTAN et actuellement menacé explicitement par le Hezbollah [19], serait-elle en mesure de faire mieux avec ces trois pays ?

Vers un nouvel ordre de priorités ?

Tout en plaçant la priorité sur l'adoption de la législation européenne par les pays candidats, comme ce fut le cas dans les élargissements antérieurs, l'UE est aussi confrontée à deux impératifs politiques : d'une part, assurer efficacement la promotion de l'état de droit, ce qu'elle fait déjà dans le cadre des négociations d'adhésion et face aux dérives « illibérales » de certains États membres ; d'autre part et c'est le plus important, se préparer à contribuer à leur sécurité.

Comme on peut déjà le craindre en Géorgie, des régressions de la démocratie sont possibles. Avant l'adhésion, elles peuvent conduire à la suspension indéfinie des négociations, comme on le constate avec la Turquie. Il en irait différemment si l'un de ces pays, devenu État membre, se plaçait dans l'orbite de la Russie, en développant dans l'UE une capacité de nuisance qui pourrait perturber celle-ci bien davantage que les mauvaises manières du Premier ministre hongrois Viktor Orbán.

Au cours des années 1990, les pays d'Europe centrale, qui redoutaient déjà un retour de la Russie, ont milité en faveur d'une intégration dans l'OTAN, parfois présentée comme plus importante que dans l'UE. Contrairement à ce qu'a prétendu la Russie, ce fut leur volonté — et non le résultat de pressions américaines — qui a entraîné leur entrée dans l'Alliance avant leur accession à l'UE : en 1999 pour la Pologne, la République tchèque et la Hongrie, en 2004 pour la Roumanie et la Bulgarie, et la même année dans le cas des pays baltes, de la Slovaquie et de la Slovénie.

En revanche, quand les candidatures à l'OTAN de l'Ukraine et de la Géorgie [20] ont été examinées au sommet de Bucarest, en avril 2008, l'Allemagne et la France ont plaidé en faveur de leur ajournement, afin de ne pas indisposer la Russie. Non seulement celle-ci n'en a pas été reconnaissante, mais elle a profité du vide stratégique ainsi créé pour attaquer la Géorgie à l'été 2008, puis l'Ukraine en 2014.

Comment l'UE pourrait-elle offrir aux trois candidats actuels la sécurité que l'OTAN n'a pas souhaité leur apporter en 2008 ? À l'évidence, c'est leur besoin de sécurité qui conditionne tout le reste, mais c'est précisément ce que l'UE a le moins à offrir, ce qui fait apparaître l'offre d'adhésion comme une fuite en avant.

19. Hassan Nasrallah (*leader* du Hezbollah) : « Une ouverture des aéroports et des bases chypriotes à l'ennemi israélien pour cibler le Liban signifierait que le gouvernement chypriote est partie prenante de la guerre » (*Le Monde*, 21 juin 2024, p. 11).

20. En janvier 2008, les Géorgiens se sont prononcés par référendum en faveur de l'adhésion de leur pays à l'OTAN (par 77 %, des votants, avec un taux de participation de 79,74 %).

Face à ces conflits, autrefois qualifiés de manière erronée de « gelés », l'UE hérite de problèmes anciens vis-à-vis desquels son action diplomatique n'a pas produit de résultat. Bien qu'elle n'ait déployé dans ce domaine que des efforts réduits, compte tenu de la modestie de ses compétences, elle est rattrapée par la géopolitique. De son inaction, qui a encouragé les puissances révisionnistes à pousser leur avantage, résultent des obstacles majeurs à une entreprise essentielle : non seulement le mouvement de réunification de l'Europe, lié à la poursuite de sa dynamique d'élargissement, est entravé pour une durée indéterminée, mais la sécurité même de ses États membres, et pas seulement des voisins de la Russie, pourrait bien s'en trouver compromise.

Idées & faits porteurs d'avenir*

Impact environnemental de l'intelligence artificielle

Antoine Le Bec et Pierre-Antoine Marti

La consommation de ressources et d'énergie nécessaire au fonctionnement des systèmes d'intelligence artificielle (IA) est un sujet de plus en plus médiatisé. Cette problématique fait l'objet de controverses majeures, les données précises manquant pour l'appréhender correctement de manière prospective. Les opérateurs ne communiquent pas de façon transparente sur la consommation en énergie et en ressources des systèmes d'IA qu'ils conçoivent et exploitent. Néanmoins, certains travaux et des données indirectes permettent d'établir des ordres de grandeur.

En 2023, selon l'Agence internationale de l'énergie (AIE), la consommation des centres de données (*data centers*) représentait 2 % de la demande d'électricité dans le monde, dont 80 % liés aux opérations de calcul et aux besoins de refroidissement des infrastructures [1]. Elle pourrait doubler à l'horizon 2026. Les prélèvements en eau des centres de données de Meta, Google et Microsoft étaient de 2,2 milliards de mètres cubes en 2022, soit le double des prélèvements annuels d'un pays comme le Danemark [2]. En effet, les calculateurs chauffent et il est nécessaire de les refroidir pour préserver les composants électroniques, ce qui oblige encore, dans la majorité des cas, à recourir à des circuits d'eau froide. Du fait de la dominance des GAFAM (Google, Apple, Facebook, Amazon), la majorité de cette consommation de ressources a lieu aux États-Unis (40 % pour l'électricité), bien que l'emprise géographique de ces acteurs s'étende.

Depuis environ cinq ans, l'IA constitue le principal facteur de croissance des besoins en ressources des centres de données, aux côtés des cryptomonnaies. En effet, les modèles d'IA se sont complexifiés et leur entraînement se base sur des jeux de données de taille de plus en plus impor-

1. AIE, *Electricity 2024: Analysis and Forecast to 2026*, Paris : AIE, 2024. URL : https://iea.blob.core.windows.net/assets/ddd078a8-422b-44a9-a668-52355f24133b/Electricity2024-Analysisandforecastto2026.pdf. Consulté le 6 août 2024.

2. PENGFEI Li *et alii*, « Making AI less "Thirsty": Uncovering and Addressing the Secret Water Footprint of AI Models », *ArXiv*, 6 avril 2023 (29 octobre 2023). URL : https://arxiv.org/pdf/2304.03271.pdf. Consulté le 6 août 2024.

**La plupart des textes publiés dans la rubrique Actualités prospectives sont issus de Vigie, le système de veille mutualisée de l'association Futuribles International (NDLR).*

Volume de calcul d'entraînement des principaux modèles d'apprentissage automatique par domaine, 2012-2023 (en pétaFLOPS*)

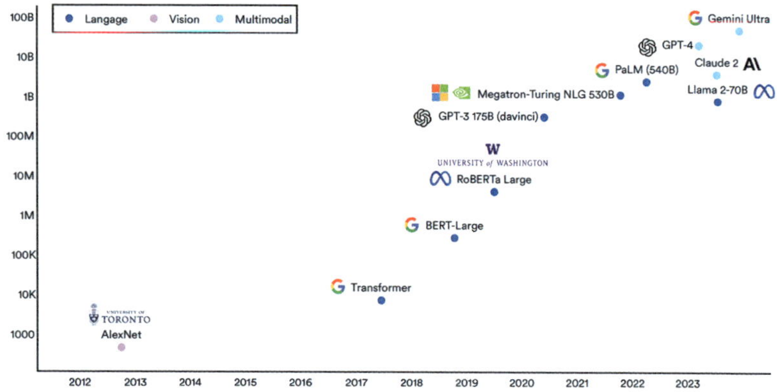

*FLOPS : *FLoating-point Operations Per Second* / opérations en virgule flottante par seconde. PétaFLOPS = 10^{15} FLOPS.

Source : Artificial Intelligence Index Report 2024, Institute for Human-centered Artificial Intelligence, Stanford University, avril 2024, p. 51. URL : https://aiindex.stanford.edu/wp-content/uploads/2024/05/HAI_AI-Index-Report-2024.pdf. Consulté le 6 août 2024.

tante. Entre le premier modèle d'IA de Google en 2017 (Transformer) et la dernière version, Gemini Ultra, la puissance de calcul nécessaire a augmenté d'un facteur 7.

Davantage de calcul implique une plus grande consommation d'électricité. La phase d'entraînement de ChatGPT-3 aurait nécessité 1,29 gigawattheure [3] (soit la consommation électrique annuelle moyenne de près de 600 Français). Cette estimation concerne la phase d'entraînement du modèle, mais pas celle de son utilisation par le public. Une requête sur ChatGPT-3 ou Bloom consommerait autour de 4 wattheures, soit la consommation d'une ampoule LED pendant 15 minutes. La génération d'images serait quant à elle 60 fois plus gourmande en énergie que la génération de texte [4]. Ainsi, l'entraînement des modèles constitue un poste fixe de consommation important, mais il est rapidement rattrapé par le poste variable lié aux usages, au vu de la demande pouvant atteindre plusieurs millions de requêtes par jour pour des modèles comme ChatGPT-3.

Concernant les besoins en eau de l'IA, une étude de référence coordonnée par Shaolei Ren (université de Californie) affirme qu'un échange-type d'une vingtaine à une cinquantaine de questions-

3. DE VRIES Alex, « The Growing Energy Footprint of Artificial Intelligence », *Joule*, vol. 7, n° 10, 18 octobre 2023, p. 2191-2194.

4. LUCCIONI Alexandra Sasha, JERNITE Yacine et STRUBELL Emma, « Power Hungry Processing: Watts Driving the Cost of AI Deployment? », *ArXiv*, 28 novembre 2023 (23 mai 2024). URL : https://arxiv.org/pdf/2311.16863. Consulté le 6 août 2024. Les calculs ont été réalisés sans les données des principaux acteurs (OpenAI, Google, Midjourney...).

réponses avec ChatGPT nécessiterait un demi-litre d'eau [5] et estime qu'à l'horizon 2027, les usages divers de l'IA entraîneraient une consommation de 4 200 à 6 600 milliards de litres d'eau (en incluant ceux nécessaires au refroidissement des centrales électriques, qui représentent près de 90 % de ces volumes), équivalant à celle d'un pays développé d'une trentaine de millions d'habitants. Dans son rapport environnemental 2024, Google indique [6] que près de 80 % des volumes d'eau qu'il prélève pour le refroidissement de ses centres de données sont consommés (sous forme d'évaporation), mais ce *ratio* diminue fortement en zone urbaine, où les eaux sortant des *data centers* peuvent notamment alimenter des réseaux de chaleur urbains (10 %-20 %). Google a vu sa consommation d'eau presque doubler depuis 2019 pour atteindre 23 millions de litres en 2023, soit l'équivalent d'une quarantaine de terrains de golf. Le géant de la Silicon Valley reconnaît qu'une partie importante de ses prélèvements a lieu dans des régions soumises à un *stress* hydrique moyen (15 %) ou élevé (15 %).

À ces consommations de ressources directes des centres de données (scope 1) et indirectes via celles nécessaires à la production de l'énergie utilisée (scope 2), il convient d'ajouter celles liées aux activités en aval et amont de la chaîne de valeur des entreprises exploitant les centres de données (scope 3). La production des semi-conducteurs et processeurs des calculateurs (GPU) est notamment particulièrement intensive en électricité et en eau, que ce soit dans la phase de production et d'assemblage des composants, ou lors de l'extraction et du raffinage des minerais. Sur ce point, l'obsolescence rapide des processeurs participe indéniablement à un gâchis de ressources, mais les géants du numérique communiquent seulement sur les émissions de gaz à effet de serre (GES) pour ce scope 3 (50 % de leurs émissions totales), sans plus de détail sur les postes responsables.

De ces données éparses et essentiellement indirectes se dégage une tendance lourde, celle d'une consommation de ressources liée aux systèmes d'IA en forte croissance. Si le niveau de pression sur les ressources planétaires entraîné par l'essor de l'IA semble à nuancer, des problématiques sérieuses existent à l'échelle locale (*stress* hydrique et sur le réseau électrique) [7]. Certains projets d'implantation de *data center* font ainsi l'objet de contestations croissantes de la société civile. Il est difficile de se prononcer sur la pression sur les ressources que représentera

5. PENGFEI Li *et alii*, *op. cit.*

6. *2024 Environmental Report*, Google, 2024. URL : https://www.gstatic.com/gumdrop/sustainability/google-2024-environmental-report.pdf. Consulté le 6 août 2024.

7. Voir notamment LIVINGSTONE Grace, « 'It's Pillage': Thirsty Uruguayans Decry Google's Plan to Exploit Water Supply », *The Guardian*, 11 juillet 2023. URL : https://www.theguardian.com/world/2023/jul/11/uruguay-drought-water-google-data-center. Consulté le 6 août 2024.

le développement de l'IA, du fait de la persistance du paradoxe de Jevons (« effet rebond »). L'impact environnemental des systèmes d'IA pourrait néanmoins influencer, sinon conditionner, les usages et développements à venir vers des systèmes plus frugaux, et conduire les pouvoirs publics, les entreprises ou les utilisateurs individuels à des arbitrages, volontaires ou contraints. ■

Future You : intégrer le long terme dans nos choix de vie grâce à l'IA

Laurie Grzesiak

Des chercheurs du MIT (Massachusetts Institute of Technology) viennent de mettre en place un programme d'intelligence artificielle (IA) baptisé *Future You* [1], grâce auquel il est possible de dialoguer avec votre « futur vous ». Après avoir étudié un questionnaire sur vos aspirations, vos valeurs, vos expériences, l'IA est capable de modéliser une version de vous-même à 60 ans avec laquelle vous pouvez dialoguer.

Ce programme a été testé sur 344 volontaires âgés de 18 à 30 ans [2]. Avec une photo de profil vieillie numériquement, le *chatbot* génère des souvenirs synthétiques plausibles et s'appuie sur les aspirations actuelles d'un utilisateur pour raconter des histoires d'une vie réussie. Selon les chercheurs travaillant sur ce projet, l'objectif est de promouvoir une réflexion à long terme et des comportements plus responsables, notamment chez les plus jeunes.

Les résultats montrent que les personnes ayant discuté avec leur moi futur se sentaient plus apaisées, moins anxieuses vis-à-vis de l'avenir [3]. Elles ont indiqué que l'IA leur a permis de se rappeler des choses importantes comme le fait que leurs parents n'étaient pas éternels et qu'il fallait profiter du temps passé avec eux. L'IA agit alors comme un *coach*, une version plus sage d'eux-mêmes qui les incite à considérer l'impact futur des décisions qu'ils prennent aujourd'hui.

Ces travaux du MIT sont inspirés d'études de psychologie sur la projection de soi dans le futur également appelée « pensée épisodique future ». Peu développée en France, la pensée épisodique future met en avant les avantages personnels à se projeter dans le futur, mais tente également d'expliquer pourquoi nous ne le faisons pas instinctivement. Le psychologue américain Daniel Gilbert explique par exemple que nous surestimons souvent

1. « Future You: An Interactive Digital Twin System for Self-reflection and Personal Growth », MIT Media Lab. URL : https://www.media.mit.edu/projects/future-you/overview/. Consulté le 6 août 2024.

2. SAMPLE Ian, « AI Researchers Build 'Future Self' Chatbot to Inspire Wise Life Choices », *The Guardian,* 5 juin 2024. URL : https://www.theguardian.com/technology/article/2024/jun/05/ai-researchers-build-future-self-chatbot-to-inspire-wise-life-choices. Consulté le 6 août 2024.

3. PATARANUTAPORN Pat *et alii,* « Future You: A Conversation with an AI-generated Future Self Reduces Anxiety, Negative Emotions, and Increases Future Self-continuity », *ArXiv,* 21 mai 2024. URL : https://arxiv.org/abs/2405.12514. Consulté le 6 août 2024.

la stabilité dans nos existences [4]. De fait, nous pouvons nous sentir démunis face à un changement brutal qui aurait pu être anticipé. Pour étayer son propos, il a mené une étude auprès d'un large panel de personnes de tous âges, et les a interrogées sur les changements qui avaient eu lieu dans leur vie au cours des 10 dernières années et sur ceux qu'ils anticipaient pour les 10 prochaines années [5].

Quelle que soit leur classe d'âge, les individus étaient capables de reconnaître qu'ils n'étaient plus la même personne qu'il y a 10 ans, mais tous estimaient qu'ils n'auront pas ou très peu changé dans 10 ans. Peu importe l'âge que l'on a, on a tendance à surestimer la situation actuelle et à penser qu'elle va perdurer dans le futur. Selon Dan Gilbert, cela s'explique par le fait qu'il est beaucoup plus facile de se souvenir que d'imaginer, mais ce qui motive un individu, ce qui le pousse à l'action sera toujours la perspective d'un gain futur ou d'un évitement futur, et non le souvenir d'un événement passé.

Dans un livre récent, le psychologue américain Benjamin Hardy explique comment il est possible de développer cette capacité à se projeter [6]. Il propose une réflexion en trois temps :

1. Selon lui, il faut commencer par se forcer à imaginer dans 10, 20, 30 ans, une personne totalement différente de celle que vous êtes aujourd'hui, et réfléchir au chemin à parcourir pour devenir cette personne. En faisant cela, on fait une distinction claire entre l'état présent et l'état futur, et on visualise les étapes.

2. Cet exercice est bénéfique car il permet de voir les choses sous un autre angle, il aide à identifier des objectifs et des aspirations que l'on ne verrait pas autrement, il permet aussi de faire prendre conscience à un individu que ses motivations, ses croyances, ses comportements actuels vont devoir changer pour atteindre son futur lui.

3. Selon Ben Hardy, il faut garder en tête qu'il y a toujours un prix à payer ; les « mauvais » choix que vous faites aujourd'hui se paieront plus tard (par exemple, si vous négligez votre santé aujourd'hui, vous risquez fortement d'en pâtir plus tard), mais les concessions que vous faites aujourd'hui seront récompensées plus tard.

« Dans 10 ans, la personne que vous serez aura pu être définie avec ou sans intention », écrit Benjamin Hardy, et plus on est connecté à son soi futur, plus on agit dans le présent avec intention et plus on muscle son imagination.

Ainsi, le programme *Future You* peut être considéré comme un outil d'aide à la décision dans le sens où il nous permet de visualiser des trajectoires de futurs possibles.

4. GILBERT Dan, « The Psychology of your Future Self », TED2014, mars 2014. URL : https://www.ted.com/talks/dan_gilbert_the_psychology_of_your_future_self. Consulté le 6 août 2024.

5. QUOIDBACH Jordi, GILBERT Daniel T. et WILSON Timothy D., « The End of History Illusion », *Science*, vol. 339, n° 6115, 4 janvier 2013.

6. HARDY Benjamin, *Be Your Future Self Now: The Science of Intentional Transformation*, Carlsbad (Californie) : Hay House, 2023.

D'ailleurs, lors de la phase de test, les utilisateurs étaient encouragés à explorer différents avenirs possibles en modifiant leur réponse au questionnaire préalable afin de constater que leur futur moi n'était pas une prédiction mais la somme d'aspirations actuelles.

Ceci étant, on peut s'interroger sur les dérives possibles de ce type de dispositif. Suivre aveuglément les recommandations de l'IA, même si elles sont basées sur des aspirations qu'on lui a confiées ne représente-t-il pas une perte d'autonomie et de liberté de l'individu ? De plus, ces aspirations sont traduites par l'IA en termes de comportements à adopter, il y a donc une part de subjectif et de programmation humaine qui entre en ligne de compte. On peut imaginer que le programme puisse être utilisé à des fins commerciales ou politiques. De fait, cette technologie pourrait conduire ses utilisateurs à des chemins volontairement ou involontairement prédéterminés. Parmi les applications commerciales possibles, on pourrait par exemple imaginer que des assureurs utilisent ce type de technologie pour insuffler un comportement vertueux à leurs clients. ■

La réforme manquée du marché européen de l'électricité

Lionel Taccoen

La présidente de la Commission européenne avait déclaré le 29 août 2022 : « La flambée des prix de l'électricité montre les limites de fonctionnement du marché [...] nous travaillons à une réforme structurelle de ce marché. » Cette réforme est entrée en vigueur le 16 juillet 2024. Elle est timide et fort éloignée d'une réforme structurelle.

Plus de mille industriels européens, inquiets pour la compétitivité de leurs entreprises ont signé la déclaration d'Anvers, lancée début 2024, afin d'obtenir un Pacte industriel parallèle et cohérent avec le Pacte vert pour l'Europe [1]. Les signataires viennent de tous les États membres, tels EDF (Électricité de France), TotalEnergies et Air Liquide pour la France, BASF et Siemens Energy pour l'Allemagne. L'énergie est l'un des grands soucis avancés : « Les coûts de l'énergie en Europe sont tout simplement trop élevés pour être compétitifs. Ils ne sont pas influencés uniquement par le prix des matières premières mais aussi par des charges réglementaires [2]. » L'électricité est très importante. Les investissements correspondants « devront être six fois plus élevés que durant la décennie précédente ».

Que propose la récente réforme au sujet de prix plus compétitifs ?

1. Voir *The Antwerp Declaration for a European Industrial Deal*, en ligne. URL : https://antwerp-declaration.eu. Consulté le 6 août 2024.

2. À l'échelle européenne, ces charges relèvent de la politique climato-environnementale au travers, par exemple, de l'instauration d'un prix du carbone et des aides aux renouvelables, sans oublier les aides indirectes que constituent les considérables investissements des réseaux électriques. S'ajoutent les charges liées aux règles de concurrence dont est donné un exemple mais qui comprennent aussi le coût de fonctionnement du marché actuel.

Rien de notable. On trouve la possibilité de contrats à long terme, une meilleure transparence du marché et une protection des clients en cas de forte hausse des tarifs. Mais il est aisé de déceler des « charges réglementaires » qui grèvent les prix. Ainsi pour l'hydroélectricité qui fournit 11 % de l'électricité européenne (plus que le solaire), la réglementation de la concurrence exige que les concessions des barrages de cette électricité bon marché (les barrages sont amortis), propre et pilotable, soient renouvelées. Ceci décourage les investissements, voire la maintenance. En témoigne la position de la Cour des comptes française en février 2023 : « il est nécessaire de sortir rapidement [de cette situation] afin d'éviter que l'ensemble du parc hydraulique [français] ne se dégrade et ne puisse jouer pleinement son rôle dans la transition énergétique [3] ». La concurrence, par sa réglementation, fait apparaître des charges qui se chiffrent en milliards d'euros dans le cas de l'hydroélectricité.

Si l'on se fonde sur l'exemple américain, la dérégulation amena de fortes baisses de prix pour le gaz naturel, les transports et les télécommunications aux États-Unis, mais rien de tel pour l'électricité. Pire, une grave crise de l'électricité survint en Californie en 2000-2001. Le rapport du Procureur général de cet État [4] incrimina alors la sécheresse, mais aussi l'introduction de la concurrence qui entraîna des tarifs extravagants et des coupures. L'expansion de la dérégulation de l'électricité fut stoppée. Outre-Atlantique, les États permettant à tout client de choisir son fournisseur étaient 19 au début du siècle, ils sont 18 aujourd'hui et leurs tarifs sont nettement plus élevés que dans les États qui ont conservé le modèle historique à monopole. Enfin, la Harvard Business School a confirmé sur le terrain que la concurrence en électricité ne baissait pas les prix, ajoutant même qu'elle les augmentait [5].

Comme d'autres publications dans *Futuribles* [6] l'ont montré, la concurrence ne fonctionne pas en électricité, elle augmente les prix. Le marché européen de l'électricité est bâti sur une erreur [7] : les économistes doivent admettre que l'électricité n'est pas un fluide. Une réforme structurelle doit remettre en cause la concurrence et redonner aux

3. « Le renouvellement des concessions hydroélectriques », Cour des comptes, février 2023. URL : https://www.ccomptes.fr/fr/publications/le-renouvellement-des-concessions-hydroelectriques. Consulté le 6 août 2024.

4. LOCKYER Bill, *Attorney General's Energy White Paper: A Law Enforcement Perspective on the California Energy Crisis,* Attorney General / State of California, avril 2004. URL : https://oag.ca.gov/sites/all/files/agweb/pdfs/publications/energywhitepaper.pdf. Consulté le 6 août 2024.

5. MACKAY Alexander et MERCADAL Ignancia, « Do Markets Reduce Prices? Evidence from the U.S Electricity Sector », Harvard Business School, *Working Paper* 21-095, 19 juin 2023. URL : https://www.hbs.edu/ris/Publication%20Files/21-095_5398d456-f1de-432d-9a0b-cc7a58b51145.pdf. Consulté le 6 août 2024.

6. BOITEUX Marcel, « Les ambiguïtés de la concurrence. Électricité de France et la libéralisation du marché de l'électricité », *Futuribles,* n° 331, juin 2007, p. 5-16.

7. TACCOEN Lionel, « Marcel Boiteux avait raison. La concurrence en électricité augmente les prix », *Futuribles,* n° 458, janvier-février 2024, p. 87-93.

États leurs compétences. Les tarifs refléteront alors les coûts locaux de production et, avec une régulation convenable, ils seront le plus bas possible. Les nécessaires échanges entre États ont toujours existé et ne doivent rien à la concurrence. La réforme du marché européen de l'électricité de juillet 2024 ne convient pas. ■

Robots-taxis, en route vers l'autonomie ?

Juliette Guilbaud

Les robots-taxis sont des véhicules autonomes conçus pour transporter des passagers sans l'intervention d'un conducteur. En juin 2024, l'entreprise croate Rimac a lancé un service de robots-taxis européens baptisé « Verne ». Ces robots-taxis devraient être accessibles dès 2026 à Zagreb puis dans plus de 11 villes européennes. En Europe, les projets de véhicules autonomes se concentrent pour le moment sur les transports collectifs à itinéraires prédéfinis, comme la navette ou le bus. Les robots-taxis de Rimac pourraient donc profiter de leur avance pour s'imposer sur ce secteur, déjà bien développé ailleurs dans le monde.

Un secteur en pleine expansion

À l'échelle internationale, le marché de la conduite autonome fait déjà l'objet d'investissements importants en R&D, de l'ordre d'une centaine de milliards d'euros aux États-Unis et en Chine depuis 2012.

Aux États-Unis, des robots-taxis sont déjà déployés à San Francisco, Phoenix, Los Angeles et Las Vegas. En juin 2024, la société dédiée d'Alphabet, Waymo, a ouvert l'accès à ses robots-taxis de San Francisco à tous les utilisateurs sans restriction. Auparavant, le service n'était accessible qu'aux utilisateurs inscrits sur une liste d'attente. Son

Les exploitants de robots-taxis commerciaux en mai 2024 (sans agent de sécurité à bord)

Sociétés	Pays	Villes	Nombre de robots-taxis en exploitation commerciale
Waymo	États-Unis	Austin (Texas), Los Angeles (Californie), Phoenix (Arizona) et San Francisco (Californie)	Plus de 300
AutoX	Chine	Shenzhen (Guangdong) et Shanghai	Plus de 1 000 (y compris les véhicules en phase d'essai)
Baidu (Apollo)	Chine	Beijing, Chongqing, Shenzhen (Guangdong) et Wuhan (Hubei)	Plus de 1 000
Didi	Chine	Guangzhou (Guangdong) et Shanghai	Plus de 300
Pony.ai	Chine	Beijing, Guangzhou (Guangdong) et Shenzhen (Guangdong)	Plus de 200
WeRide	Chine	Beijing	Quelques dizaines

Lecture : en mai 2024, dans le monde, on comptait 16 flottes urbaines de robots-taxis commerciaux (sans opérateur de sécurité à bord), dont quatre aux États-Unis et 12 en Chine. Pour l'heure, les entreprises pionnières (Waymo étant la plus ancienne) se limitent à leur territoire national. Aucune société n'est encore sur les rangs en Europe.

Source : NI Jincheng et TRÉGLODÉ Hervé (de), « Les robotaxis chinois sont-ils l'avenir de la mobilité ? », *Note d'analyse*, n° 138, mai 2024, France Stratégie. URL : https://www.strategie.gouv.fr/sites/strategie.gouv.fr/files/atoms/files/fs-2024-na138-robotaxis-mai_0.pdf. Consulté le 6 août 2024.

Les avantages des quatre principaux types de robots-taxis

Robots-taxis électriques	Robots-taxis partagés
• Moindres pollutions atmosphériques, sonores, etc. • Moindres émissions de gaz à effet de serre • etc.	• Moins de voitures • Moins de trafic • Moindres coûts d'usage • Moins d'espaces publics de stationnement • etc.
Robots-taxis connectés	**Robots-taxis autonomes**
• Meilleure fluidité des trafics • Moindres congestions • Meilleure sécurité routière • Contribution aux villes intelligentes • etc.	• Remise en cause de la propriété individuelle • Utilisation plus intense de voitures bien moins nombreuses • Meilleur confort • Libération du temps de conduite • Meilleure sécurité routière • Meilleure inclusivité • Services de transport bien moins chers

Source : NI Jincheng et TRÉGLODÉ Hervé (de), *op. cit.*

concurrent, Cruise, avait d'ailleurs été obligé de suspendre un temps sa flotte après un accident impliquant un de ses véhicules [1]. Tesla doit présenter son propre modèle de robot-taxi le 8 août 2024.

En Chine, des taxis sans conducteurs circulent déjà dans les rues de Wuhan et Chongqing depuis 2022 et plusieurs villes — dont Pékin et Shanghai — ont obtenu l'autorisation d'en faire circuler. À l'avenir, les nouveaux modèles de robots-taxis pourraient investir le ciel. En effet, la première certification pour un taxi volant autonome électrique (ou « eVTOL » pour *Electric Vertical Take-Off and Landing*) a été délivrée à l'entreprise chinoise EHang en 2023.

1. « À San Francisco, un véhicule autonome impliqué dans un accident grave », *Le Parisien* / AFP, 3 octobre 2023. URL : https://www.leparisien.fr/faits-divers/a-san-francisco-un-vehicule-autonome-implique-dans-un-accident-grave-03-10-2023-M6BO3YHOMFEU5HW7BVPDTZJ6VE.php. Consulté le 6 août 2024.

Perspectives de développement

Le potentiel de développement des robots-taxis dépendra de différents paramètres et de deux incertitudes majeures.

Quels publics et quels usages ?

Les taxis robots pourraient théoriquement faciliter l'accès à la mobilité automobile à des publics qui en sont aujourd'hui exclus, notamment les personnes à mobilité réduite ou ne possédant pas de véhicule. Néanmoins, ce potentiel dépendra largement de leur coût. D'un côté, les robots-taxis pourraient devenir plus abordables grâce à l'absence de chauffeur. De l'autre, le coût conséquent des véhicules, leur entretien, leur supervision à distance, la cartographie fine des territoires qu'ils requièrent, font qu'ils devraient rester plus chers que les taxis classiques encore un certain temps.

Les cinq niveaux d'autonomie d'un véhicule

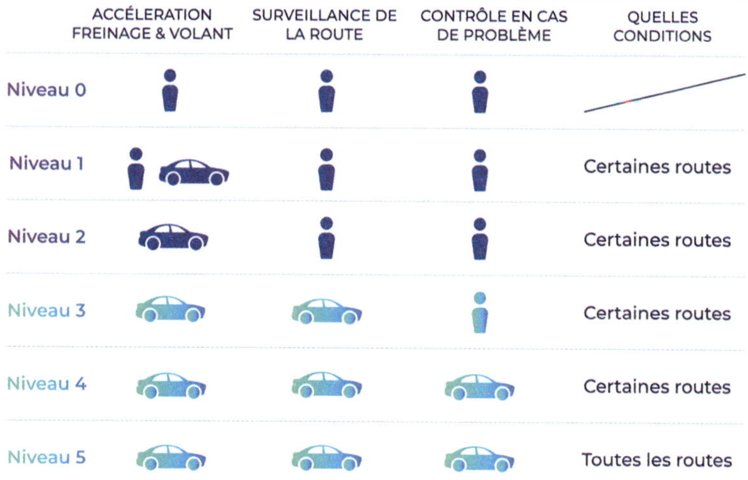

Source : Frandroid, 2022. URL : https://www.frandroid.com/comment-faire/672104_vehicule-autonome-quelles-sont-les-differences-entre-les-niveaux-dautonomie. Consulté le 6 août 2024.

Quels impacts sur la sécurité et, par ricochet, sur l'acceptabilité par les populations et sur l'encadrement réglementaire ?

Les véhicules autonomes sont statistiquement plus sûrs que ceux conduits par les humains. Néanmoins, ils peuvent quand même être responsables d'accidents, y compris parce que leur comportement peut être déstabilisant pour les conducteurs et les piétons.

À San Francisco, plus de 600 incidents liés à des robots-taxis ont été documentés entre juin 2022 et juin 2023 [2]. Aux États-Unis, les véhicules autonomes sont deux fois plus susceptibles d'être impliqués dans des accidents de la route que les véhicules traditionnels [3].

Or, la médiatisation des accidents impliquant des robots-taxis contribue à réduire leur acceptabilité auprès des usagers. Ainsi, 93 % des Américains des États-Unis expriment des inquiétudes concernant les véhicules autonomes, particulièrement en matière de sécurité [4]. Selon une étude menée en France, au Royaume-Uni, en Allemagne et en Italie [5], la moitié des personnes interrogées s'attendent à une amélioration de la sécurité sur les routes avec

2. LU Yiwen, « 'Lost Time for No Reason': How Driverless Taxis Are Stressing Cities », *The New York Times*, 20 novembre 2023. URL : https://www.nytimes.com/2023/11/20/technology/driverless-taxis-cars-cities.html. Consulté le 6 août 2024.

3. « Automated Vehicles for Safety », National Highway Traffic Safety Administration. URL : https://www.nhtsa.gov/vehicle-safety/automated-vehicles-safety. Consulté le 6 août 2024.

4. BIEBER Christy, RAMIREZ Adam et CHATTERJEE Ayona, « 93% Have Concerns about Self-driving Cars According to New Forbes Legal Survey », Forbes, 30 juillet 2024. URL : https://www.forbes.com/advisor/legal/auto-accident/perception-of-self-driving-cars/. Consulté le 6 août 2024.

5. KACPERSKI Celina, KUTZNER Florian et VOGEL Tobias, « Consequences of Autonomous Vehicles: Ambivalent Expectations and their Impact on Acceptance », *Transportation Research. Part F: Traffic Psychology and Behaviour*, vol. 81, août 2021, p. 282-294. URL : https://www.sciencedirect.com/science/article/pii/S1369847821001443. Consulté le 6 août 2024.

l'introduction de véhicules autonomes. Le sujet est donc particulièrement clivant. Par ailleurs, un développement important des robots-taxis pourrait se traduire par des suppressions d'emplois de chauffeur, et réduire encore leur acceptabilité.

En 2021, les Nations unies ont défini une réglementation pour encadrer l'usage des véhicules autonomes, qui porte sur les véhicules de niveau 3 (voir ci-contre). Dans l'Union européenne, un groupe de travail se penche sur ces questions, même si les règles de circulation des véhicules autonomes sont surtout définies au niveau national. En résulte un paysage réglementaire aux contours variables. Les niveaux 1 et 2 de la conduite autonome sont autorisés dans tous les pays européens. L'encadrement des niveaux 3 et 4 diffère selon les pays. Les véhicules autonomes de niveau 4 sont autorisés en Allemagne, en France, dans certaines zones en Suisse. Les véhicules autonomes de niveau 3 sont autorisés au Royaume-Uni. En Italie et en Espagne, seuls les véhicules de niveau 2 peuvent circuler librement.

Quelles responsabilités en cas d'accident et quels choix éthiques ?

En cas d'accident provoqué par un véhicule autonome, les responsabilités sont encore mal établies, même si les quelques occurrences ont montré que le constructeur peut être jugé responsable. Des questions éthiques se posent aussi : quel comportement faire adopter au véhicule si celui-ci doit choisir entre sauver la vie de son passager ou celle d'une personne à l'extérieur du véhicule (occupants d'autres véhicules, piétons...) ?

Quels enjeux sécuritaires ?

Un dernier enjeu concerne la sécurité des véhicules autonomes, qui fait l'objet de différents programmes de recherche. En effet, ces véhicules peuvent être exposés à des attaques visant à interférer avec le système de prise de décision des véhicules, soit par le biais de cyberattaques, soit par la détérioration de panneaux de signalisation [6]. Par ailleurs, les véhicules autonomes et en particulier les robots-taxis collectent une quantité importante de données, sans l'accord des individus, ce qui questionne aussi les modalités de leur traitement. Enfin, la capacité à mettre à jour rapidement et à distance les logiciels des véhicules autonomes, ainsi que la résilience et l'efficacité de leurs capteurs seront également des axes de recherche privilégiés. ■

6. BATHLA Gourav *et alii*, « Autonomous Vehicles and Intelligent Automation: Applications, Challenges, and Opportunities », *Hindawi / Mobile Information Systems*, vol. 1, janvier 2022. URL : https://onlinelibrary.wiley.com/doi/epdf/10.1155/2022/7632892. Consulté le 6 août 2024.

Les difficultés face à l'écrit en France

Quentin Bisalli

Alors qu'à la session 2024, plus de 79 % de la génération concernée a obtenu le baccalauréat en

Difficultés de lecture, illettrisme, analphabétisme…, de quoi parle-t-on ?

Le premier obstacle pour mesurer les difficultés à l'écrit est le choix de l'outil de mesure. Elles peuvent s'apprécier avec des tests spécifiques, non standardisés, comme ceux de l'INSEE, des évaluations nationales obligatoires ou des enquêtes PISA (Programme international pour le suivi des acquis des élèves), chacune ayant sa méthodologie et ses propres seuils pour définir les difficultés à l'écrit.

L'illettrisme est un concept spécifique qui s'applique uniquement aux personnes ayant débuté leur scolarité en France et n'étant pas ou plus autonomes à l'écrit une fois adultes : 4 % de la population ayant été scolarisée en France est ainsi illettrée d'après l'INSEE. Il ne couvre donc pas les personnes arrivées en cours de scolarité ou plus tard en France. Il est aussi distinct de l'analphabétisme, qui correspond à une absence d'apprentissage de la lecture et de l'écriture, le plus souvent par défaut de scolarisation. ■

France, les difficultés en lecture parmi la population adulte restent un sujet d'actualité. Une récente enquête menée par l'INSEE [1] permet d'en prendre la mesure.

Parmi les adultes de 18 à 64 ans vivant en France, 10 % connaissent des difficultés dans au moins l'une des trois compétences de base de l'écrit (lecture de mots, production de mots écrits et compréhension de textes simples — les deux dernières concentrant le plus de difficultés), soit environ quatre millions d'individus. Parmi eux, 80 % rencontrent des difficultés fortes.

Les difficultés de lecture reculent-elles réellement ?

Les difficultés à l'écrit seraient en baisse, d'après l'INSEE : entre 2011 et 2022, la part de la population adulte rencontrant des difficultés à l'écrit serait passée de 16 % à 10 %, et le taux d'illettrisme de 7 % à 4 %. Cette diminution est principalement liée au renouvellement générationnel et à l'allongement de la scolarité entre les générations interrogées : parmi les personnes nées en 1995 et 2005, 5 % connaissent des difficultés à l'écrit. Faut-il y voir le signe d'une baisse inéluctable de l'illettrisme en France, au fur et à mesure que les générations plus âgées sortiraient du champ des enquêtes ? D'autres sources invitent à modérer cet optimisme.

Une part croissante d'élèves en difficulté face à l'écrit

Tout d'abord, les difficultés de lecture sont toujours prégnantes parmi les élèves scolarisés en France. Les évaluations nationales obligatoires de 2023 dressent le même constat : 12,2 % des élèves de sixième n'avaient pas acquis les compétences attendues en compréhension de l'écrit, auxquels s'ajoutaient 37,7 % ayant une maîtrise considérée comme fragile ; pour les élèves de quatrième, la proportion atteignait respectivement 19 % d'élèves à besoins et 36,7 % d'élèves fragiles. Si ces

1. BENTOUDJA Laïla et MURAT Fabrice, « En 2022, un adulte sur dix rencontre des difficultés à l'écrit », *INSEE [Institut national de la statistique et des études économiques] Première*, n° 1993, avril 2024. URL : https://www.insee.fr/fr/statistiques/8177068. Consulté le 6 août 2024.

indicateurs ne correspondent pas à ceux de l'enquête INSEE, ils montrent qu'une part importante des jeunes générations est en situation de vulnérabilité face à l'écrit, rendant plus probables une moindre pratique de la lecture et donc une détérioration des compétences au fil du temps.

Les tests de lecture administrés lors des Journées défense et citoyenneté (JDC) donnent des résultats comparables, avec en 2022 11,2 % des participants avec des capacités de lecture très faibles voire inexistantes et 10 % ayant des capacités « médiocres ». Les enquêtes PISA permettent enfin une lecture en dynamique : au-delà d'une évolution contrastée des scores moyens, passés de 505 points en 2000 à 474 en 2022, la part des élèves en difficulté en compréhension de l'écrit a, elle, fortement augmenté, passant de 15 % à 27 % entre 2000 et 2022 [2].

Comment expliquer ces différences avec les chiffres avancés par l'INSEE ? Plusieurs facteurs peuvent agir, sans qu'il soit à ce stade possible de pondérer leurs impacts respectifs :

- La crise sanitaire a joué un rôle dans récente dégradation révélée par les tests PISA.

- La généralisation de la scolarisation en milieu ordinaire depuis la loi sur l'école inclusive en 2005 (concernant notamment les élèves en situation de handicap) et la part aujourd'hui résiduelle de l'orientation avant la fin du collège pourraient avoir amélioré la capacité de l'appareil statistique à mesurer un phénomène auparavant en partie caché pour certains publics.

- Les difficultés du système éducatif français à résorber les inégalités sociales accentuent les difficultés de lecture des publics les plus vulnérables (un tiers des habitants des quartiers prioritaires de la politique de la ville sont en difficulté, contre 8 % dans le reste de la population).

- Or, ces trois premiers facteurs, liés au système éducatif français, restent à relativiser, puisque la baisse aux tests PISA s'observe dans d'autres pays. Une autre piste pourrait être le rôle ambivalent des outils numériques sur le niveau à l'écrit : la très forte progression du temps passé devant les écrans, particulièrement marquée chez les jeunes, a participé du recul du temps de lecture chez les 15-24 ans (un cinquième déclare ne pas lire du tout). Si ces outils sont en partie liés à la culture de l'écrit (réseaux sociaux, messageries instantanées...), ils semblent moins facilement permettre la fixation de l'orthographe et l'intégration des gestes de l'écrit que l'écriture manuscrite — les experts de la linguistique sont cependant partagés [3]. L'évolution des formats numériques de divertissement

2. « PISA 2022 : culture scientifique, compréhension de l'écrit et vie de l'élève », *Note d'information de la DEPP (Direction de l'évaluation, de la prospective et de la performance)*, n° 23.49, décembre 2023. URL : https://www.education.gouv.fr/media/159234/download. Consulté le 6 août 2024.

3. Voir par exemple le bref ouvrage des Linguistes atterrées, *Le Français va très bien, merci*, Paris : Gallimard (Tracts), 2023.

vers une culture plus orale et la diffusion de ces outils auprès des très jeunes publics pourraient aggraver le phénomène dans les années à venir.

L'enjeu des personnes arrivées en France en cours de scolarité ou après

Les difficultés à l'écrit sont néanmoins un enjeu qui dépasse les jeunes générations et le système éducatif français. Les personnes adultes n'ayant pas débuté leur scolarité en France sont en effet plus susceptibles d'être confrontées à des difficultés à l'écrit : c'est d'après l'INSEE le cas d'un tiers des personnes dont la langue maternelle est le français ; la part monte à 55 % chez les non-francophones de naissance. Si le pic lié à la guerre en Ukraine et à l'après-crise sanitaire pourrait à court terme se résorber, il est très probable qu'à moyen et long termes les flux migratoires à l'échelle mondiale augmentent.

Un fardeau de plus en plus handicapant

Une fois adultes, les personnes en difficulté face à l'écrit déploient de nombreuses stratégies de contournement. Elles ne sont pas moins confrontées à des « répercussions significatives sur la vie personnelle, professionnelle et citoyenne », d'après l'Agence nationale de lutte contre l'illettrisme (ANLCI) : difficultés à se repérer, à suivre la scolarité de son enfant, à faire ses courses, à utiliser des appareils du quotidien, à réaliser des démarches administratives, à suivre des consignes de travail et / ou de sécurité, à accéder aux soins ou à un logement, etc. Globalement, être en difficulté face à l'écrit peut détériorer l'image de soi et la santé mentale, diminuer l'employabilité et rendre plus difficile l'exercice de ses droits, augmentant *in fine* le risque de précarisation.

Or, la diffusion massive des dispositifs numériques dans la vie quotidienne rend encore plus fondamentale la maîtrise de l'écrit. Les difficultés à l'écrit se conjuguent ainsi souvent avec l'« illectronisme » : moins de deux tiers des personnes en difficulté utilisent Internet quotidiennement, contre quasiment neuf dixièmes de l'ensemble des 18-64 ans, d'après l'INSEE. La part de ceux l'utilisant pour effectuer des démarches administratives passe de 79 % en population générale à 42 % pour les personnes en difficulté, alors que la tendance à la dématérialisation des démarches s'accentue.

Si la généralisation des outils de diagnostic est un premier pas pour prendre la mesure d'un phénomène encore trop invisible, ces derniers ne permettent pas seuls d'agir, ni sur les causes du problème ni sur ses conséquences pour les publics concernés. Pour cela, s'il est besoin de le rappeler, seule une place plus grande donnée à l'humain et à l'oral (y compris avec des dispositifs numériques comme des *chatbots* et de la reconnaissance vocale pour les démarches en ligne) semble à même d'apporter des pistes de réponse. ■

Analyses critiques & comptes rendus*

SBAIHI Maxime

Le Grand Vieillissement

Paris : éditions de l'Observatoire, mai 2022 (rééd. en Livre de poche, avril 2024), 176 p.

Occultant les deux premiers siècles de l'histoire française du phénomène — amorcé dès la seconde moitié du XVIIIe siècle avec la baisse de la fécondité —, Maxime Sbaihi se focalise sur le vieillissement démographique lié à la montée de la bosse du *baby-boom* le long de la pyramide des âges. Un vieillissement qualifié de « grand », comme le réchauffement climatique, la révolution technologique ou le remplacement, dont les conséquences économiques, politiques et sociales remettent en cause l'équité entre les générations et menacent la cohésion sociale, et qu'il faut donc au plus vite « dompter ».

Dans un premier chapitre, où la présentation des tendances démographiques aurait mérité d'être plus poussée et rigoureuse, l'auteur rappelle que le système de protection sociale prévalant en France est fondé sur la répartition et s'assimile donc à « un immense transfert de richesse en roulement permanent, avec la solidarité intergénérationnelle pour principe et la démographie pour moteur ». Alors que le vieillissement s'annonçait inévitablement plus intense en raison de leur arrivée prochaine aux âges élevés en rangs beaucoup plus fournis que les générations précédentes, les *baby-boomers* n'ont pourtant pas anticipé et budgété leurs besoins futurs de retraite, de santé, de dépendance. Parce qu'ils n'ont pas contribué à la hauteur de ce qu'ils auraient dû, le modèle social français se grippe, le lien entre les générations se distend, « les actifs et les comptes publics voient rouge ».

Le cadre ainsi posé, Maxime Sbaihi esquisse dans un deuxième chapitre, sous un angle strictement économique, un bilan des disparités entre générations. Un bilan exceptionnellement positif pour les *baby-boomers* (ceux, surtout, de la première vague, nés de 1946 à 1955) qui, tout au long de leur

*Les analyses publiées dans cette rubrique sont issues des publications « Lu, vu, entendu » de Futuribles International, accessibles sur la page : https://www.futuribles.com/publications/?filter_category=40/ (NDLR).

vie, ont bénéficié d'un alignement continûment favorable des planètes (accès facile au marché du travail, carrières professionnelles ascendantes, constitution d'un important patrimoine, bénéfice d'un système de retraite mature et garantissant des revenus « insensibles à la conjoncture »). Un bilan très négatif pour une jeunesse (constituée de jeunes, actifs ou actifs en devenir, âgés de 18 à 30 ans, et aussi, au bon gré de l'auteur, d'actifs plus âgés), plus diplômée que jamais mais confrontée à un chômage structurel important, une insertion professionnelle très incertaine, une pénurie de logements accessibles à coût modéré, un partage du patrimoine totalement bouleversé à leur grand désavantage. Une jeunesse à laquelle furent en outre récemment imposées, en raison d'une épidémie de Covid-19 qui ne les affectait pourtant que très marginalement, des restrictions de liberté, décidées pour protéger leurs grands aînés fragiles mais qui induisirent, malgré des efforts financiers publics très importants, de nombreuses pertes d'emploi et de revenu. Le bilan est sans appel : « Le pauvre d'antan était un retraité sur la fin de sa vie, le pauvre d'aujourd'hui est un jeune confronté à l'avenir. »

Si la jeunesse apparaît comme la grande perdante des arbitrages politiques entre les âges, la faute en incombe au « grand vieillissement » qui altère profondément les rapports de force électoraux. Pesant plus lourd dans le corps électoral, les électeurs âgés exercent également plus intensément leur droit de vote que les jeunes, plus nomades, donc très nombreux à être inscrits sur une liste électorale différente de leur adresse de résidence, plus spontanément abstentionnistes et davantage adeptes d'engagements spécifiques en lien avec l'actualité du moment que d'une affiliation partisane durable. Cette dérive lente de la démocratie vers une gérontocratie plus ou moins affirmée préoccupe Maxime Sbaihi qui redoute, en conclusion du troisième chapitre de son livre, une déconnexion des nouveaux citoyens avec la démocratie, faisant à terme le lit des populismes.

Maxime Sbaihi aspire à un libéralisme nouveau, qui « s'efforce de faire une place aux nouveaux arrivants et se donne pour priorité absolue de combattre la pauvreté, quels que soient son visage et son âge ». Trois conditions, détaillées au quatrième chapitre, sont nécessaires à son avènement :

- En premier lieu, il faut doter tous les adultes d'un filet de protection autonome et instaurer un revenu universel de 500 euros par mois, versé sans conditions, suffisant pour couvrir tous les besoins de base hors logement, financé en individualisant et universalisant l'impôt sur le revenu avec un taux proportionnel de 30 % appliqué au premier euro gagné.

- En deuxième lieu, un rééquilibrage des efforts entre actifs et retraités s'impose. Pour ce faire, il faut instituer un système de retraite universel en comptes notionnels, dans lequel chaque euro cotisé ouvre un droit égal à pension, chacun étant libre de liquider à sa convenance une pension calculée en divisant le capital accumulé sous forme de cotisations par l'espérance de vie restante. Mais pour remédier à la faiblesse de certaines pensions de retraite, il faut aussi mettre en œuvre un dispositif garantissant une pension minimale par mise en commun d'une partie de l'ensemble des revenus des retraités, ensuite redistribuée de façon égale entre toutes les personnes ayant liquidé leur pension. Sur la base d'un revenu moyen de retraite de 1 800 euros mensuels, une mise en commun de 25 % du total des revenus de retraite permettrait de redistribuer 450 euros à chaque retraité qui, ajoutés aux 500 euros de revenu universel, excéderaient légèrement le montant de l'actuelle allocation de solidarité aux personnes âgées (ASPA).

- En troisième lieu, il faut accélérer la transmission du patrimoine financier et immobilier entre les générations en accordant au donateur une liberté totale de transmettre à qui il veut, en ligne directe ou indirecte, en recentrant la fiscalité des successions sur les donataires et non plus sur les donateurs, en remettant complètement à plat la fiscalité immobilière par substitution aux divers impôts et taxes existants (droits de mutation, taxe foncière, TVA [taxe sur la valeur ajoutée] sur logement neuf, impôt sur les plus-values immobilières, impôt sur la fortune immobilière) d'un impôt unique s'appliquant sur tout le territoire national avec un taux fixe de 4 % à 6 % sur la valeur nette du bien immobilier (valeur brute moins dette à rembourser) estimée par autoévaluation.

Pour intéressantes, sous réserve toutefois d'un inventaire plus approfondi, que soient ces propositions, on émettra des doutes quant à leur traduction imminente dans les faits, les *baby-boomers* ayant jusqu'ici largement fait la preuve de leur aptitude au blocage en dépit de nombreux rapports les ayant alertés depuis les années 1980 sur les effets de leur future montée en âge. Maxime Sbaihi a raison de mettre à nouveau les *baby-boomers* face à leurs inconséquences passées, et il faut souhaiter que son essai, dans sa version Livre de poche 2024, ajoutera de nombreux nouveaux lecteurs à ceux de la version originale de 2022.

Il nous pardonnera cependant de lui reprocher d'idéaliser un peu trop facilement le parcours de vie des individus nés juste après-guerre — dans une France économiquement défaite et totalement impréparée à les recevoir, leur prime jeunesse ne fut pas toujours un long fleuve tranquille — et de mésestimer l'impact de certains comportements des générations suivantes dont la sienne. Il insiste, entre autres, avec raison, sur l'heureux concours de circonstances dont ont bénéficié les *baby-boomers* pour se constituer un patrimoine que, par ailleurs, du fait de leur vie plus longue et des règles de transmission en vigueur, ils tendent de plus en plus à se transmettre entre eux. Mais il escamote totalement le fait qu'à la différence de leurs descendants, les *baby-boomers* ont été très faiblement adeptes du *zapping* matrimonial, un comportement très peu favorable à l'accumulation patrimoniale. Pour parodier Bossuet, les descendants des *baby-boomers* pourront-ils plus tard se plaindre des conséquences de causes qu'ils auront chéries ?

Alain Parant

KEPEL Gilles
Holocaustes
Israël, Gaza et la guerre contre l'Occident

Paris : Plon, mars 2024, 216 p.

« Holocaustes », au pluriel : le titre surprend, dérange même. Le terme n'est-il pas exclusivement réservé à la Shoah, la « catastrophe » en hébreu, qui désigne l'extermination des juifs pendant la Deuxième Guerre mondiale ? Non. Au sens propre, il qualifie un sacrifice religieux, explique Gilles Kepel, et par extension, ses victimes et la volonté d'anéantissement qui motive l'acte. Or, depuis la « razzia » du 7 octobre 2023, les sacrifices mutuels que s'infligent Israéliens et Palestiniens évoquent un holocauste, par leur ampleur, leur violence, le fanatisme religieux qui les sous-tend.

Comme il s'autorisa à le faire dans son ouvrage précédent — *Le Prophète et la pandémie* [1] — Gilles Kepel livre ici « à chaud » son analyse des événements récents, tant leurs enjeux sont inédits et déterminants pour les équilibres du monde : issue politique d'un conflit vieux de plus de 70 ans et éventualité d'une solution à deux États ; rapports de force entre les puissances régionales que sont le Qatar, l'Arabie Saoudite, la Turquie et l'Égypte ; avenir et positionnement de l'islamisme politique, dont les mouvements les plus radicaux, aussi bien chiites que sunnites, font front derrière l'Iran au sein d'un « axe de la résistance » ; enfin, émergence d'un nouvel ordre mondial dans lequel un « Sud global », conduit notamment par la Chine et la Russie avec le groupe des BRICS élargi [2], prendrait sa revanche contre l'Occident dont il conteste la domination.

À la fois expert en géopolitique et spécialiste du monde arabe,

1. KEPEL Gilles, *Le Prophète et la pandémie. Du Moyen-Orient au jihadisme d'atmosphère*, Paris : Gallimard (Esprits du monde), 2021.

2. BRICS+ : Brésil, Russie, Inde, Chine, Afrique du Sud, rejoints par l'Arabie Saoudite, l'Iran, l'Égypte, les Émirats arabes unis et l'Éthiopie en janvier 2024.

Gilles Kepel n'a pas son pareil pour analyser la dimension symbolique des actes ou mettre les événements en perspective. Dans ce dernier ouvrage, il met en lumière les trois dimensions du conflit : 1) l'affrontement entre deux radicalismes aussi bien politiques que religieux et les mécanismes d'un engrenage dans une spirale belliqueuse ; 2) les stratégies d'acteurs qui redoutent l'extension du conflit ou, à l'inverse, exploitent l'instabilité régionale ; 3) l'instrumentalisation du concept de génocide au profit d'une lutte contre l'Occident et ses valeurs.

Le 7 octobre 2023, 3 000 *fedayin* franchissent les barrières entre Gaza et Israël. Cette attaque aurait entraîné la mort de 1 189 Israéliens [3]. Nommée le « déluge d'al-Aqsa » par les dirigeants du Hamas, elle s'inscrit dans la continuité de la deuxième *Intifada,* qui se situe entre 2000 et 2005, et fait référence à la plus grande mosquée de Jérusalem, symbole pour les musulmans de la captation de la Palestine par Israël. Par son mode opératoire, elle rappelle les « razzias bénies », requalifiées en *jihad* par les conquérants de l'islam. Par le choix de la date, un 7 octobre, elle fait écho à la première déclaration publique d'Oussama ben Laden après la « double razzia bénie [4] » du 11 septembre 2001. Dans les deux cas, un ennemi réputé invincible chancèle, provoquant l'effroi, notamment au sein du peuple juif qui croit revivre l'horreur de la Shoah. Ainsi, les auteurs du déluge d'al-Aqsa sont parvenus à islamiser la question palestinienne et à l'exporter dans le monde entier, en réactivant un jihadisme d'atmosphère qui prospère dans l'espace numérique.

Si les acteurs sont connus, une part d'ombre demeure quant aux concepteurs de l'attaque. Yahya Sinwar, le chef du Hamas, est bien évidemment à la manœuvre. Ses liens avec l'Iran datent de 2011, lorsqu'après 22 années passées dans les prisons israéliennes, il rencontre Qassem Soleimani, le chef des Gardiens de la révolution. Cette alliance contre nature [5] s'explique tant par une convergence des luttes contre des ennemis communs, Israël et les pays arabes qui ont pactisé avec le « petit Satan », que par la nécessité pour le Hamas de trouver un appui politique après le recul des Frères musulmans. Toutefois, il semblerait que le chef du Hamas reste l'initiateur de l'attaque. Quant au Hezbollah et aux Houthis, s'ils ont tous deux affirmé leur soutien, le premier s'est défaussé de toute responsabilité quand le second, sans doute mandaté par l'Iran, a déclenché une guerre navale contre Israël et ses alliés occidentaux.

Face au Hamas, l'État hébreu est fracturé. Aux partisans encore

3. Selon l'AFP (Agence France presse) qui a croisé les données publiées séparément par la Sécurité sociale israélienne, l'armée, la police, la Sécurité intérieure et le bureau du Premier ministre (au 28 mai 2024).

4. C'est ainsi que furent qualifiés les attentats du 11 septembre 2001 sur New York et Washington par leurs auteurs.

5. Le Hamas est un mouvement sunnite tandis que les Iraniens sont à 90 % chiites

nombreux et fortement mobilisés [6] d'un régime laïque s'opposent des mouvements religieux de plus en plus puissants, représentés par 32 élus à la Knesset. Parmi eux, les sionistes religieux pensent que la « judaïsation de la Terre promise permettra la rédemption finale ». À cet égard, Gilles Kepel observe une symétrie frappante entre jihadistes et zélotes du judaïsme qui tous deux « font des textes sacrés de l'islam ou des Écritures bibliques une lecture littérale et décontextualisée ». Benyamin Netanyahou, chef du Likoud, ne peut rester au pouvoir sans donner de gages à cette frange radicale. D'où son soutien indirect au Hamas pour mieux affaiblir l'Autorité palestinienne, le déploiement en Cisjordanie de forces militaires anciennement affectées à la frontière avec Gaza pour conforter l'implantation des colonies, ou encore la surenchère de violence à Gaza. De fait, deux logiques de guerre se combinent : une riposte disproportionnée à l'attaque, conformément à la doctrine de Tsahal ; des massacres ordonnés par un homme animé d'une pulsion destructrice et irrationnelle contre ceux qui l'ont trompé personnellement.

Sous la pression des États-Unis, mais aussi pour restaurer son image auprès d'une opinion publique internationale indignée, Israël infléchit sa stratégie en début d'année 2024 et mène des attaques ciblées contre certains dirigeants du Hamas ou de l'Axe de la résistance. Si Tsahal marque des points, la tension régionale atteint son paroxysme. Parmi les puissances proche-orientales, seuls le Qatar et l'Arabie Saoudite sont des médiateurs crédibles. Le premier parce qu'en finançant le Hamas avec l'accord tacite de l'État hébreu, il a toujours conservé des relations avec chacun des deux belligérants ; le second parce qu'il est le seul à disposer des capacités d'investissement nécessaires à la reconstruction de Gaza. À condition toutefois de reconnaître les droits des Palestiniens d'une part, de soustraire la gouvernance de Gaza à la domination idéologique de Téhéran de l'autre. L'Égypte et la Jordanie, quant à elles, sont prises en étau entre la pression de leur opinion publique et la crainte viscérale de devoir gérer une vague d'immigration palestinienne.

Plus loin de là, les poids lourds du Sud global, incarné par les BRICS+, capitalisent sur le ressentiment anti-occidental. Si la Chine et la Russie accueillent ce conflit comme une aubaine, car il détourne l'attention de Washington de leurs opérations militaires en Ukraine et au large de Taiwan, l'Afrique du Sud franchit une étape : le 29 décembre 2023, elle dépose une plainte devant la Cour internationale de justice, accusant l'État hébreu d'intention génocidaire à Gaza. Si l'arrêt qu'elle rend un mois plus tard ne consiste qu'en la mise en œuvre de mesures conservatoires, la charge est lourde de signification. En effet, Israël a été fondé par l'Organisation des Nations unies

6. *Cf.* la gigantesque vague de protestation contre le projet de loi visant à réformer la Cour suprême, courant 2023.

pour que soient protégées les victimes d'un génocide, la Shoah. Le qualifier d'État génocidaire reviendrait, explique l'auteur, à délégitimer rétrospectivement sa création, portant ainsi préjudice à l'Occident tout entier dont le soutien à Israël constitue un trait identitaire. Par extension, qualifier de génocide les massacres des Gazaouis reviendrait à ouvrir la boîte de Pandore sur les crimes de la colonisation. Il est frappant à cet égard d'observer le silence des pourfendeurs de l'Occident sur les massacres d'Ukrainiens, « malheureux citoyens du Nord ».

Les signataires comme les artisans des accords d'Abraham [7] pensaient pouvoir construire la paix au Proche-Orient en occultant la question palestinienne. Le conflit actuel rappelle cruellement qu'il n'en est rien et qu'elle est même la pièce d'un puzzle beaucoup plus vaste qui s'étend jusqu'aux campus des universités américaines. Aujourd'hui, le discours anti-occidental prospère sur les cendres de Gaza. Aussi, si l'Occident ne parvient pas à construire un État palestinien viable, « il connaîtra une défaite stratégique face à l'axe illibéral » qui lui est hostile, avertit Gilles Kepel. ■

Justine Fernandez

7. Traités de paix signés le 15 janvier 2020 à Washington par les Émirats arabes unis, Bahreïn et Israël, suivis d'accords de normalisation avec le Maroc et le Soudan.

DUPONT Julien

Imaginer demain. Chroniques cartographiques d'un monde à venir

Paris : Armand Colin, mars 2024, 208 p.

Professeur d'histoire-géographie, Julien Dupont dessine des cartes de représentation du monde. Dans ce livre, il imagine des « fictions cartographiques » pour décrire le monde tel qu'il pourrait être demain.

Il met en cartes des situations sociales (les inégalités par exemple), les conséquences du changement climatique (la montée des eaux, les îlots de chaleur…), parfois sur des territoires existant actuellement, souvent sur des territoires fictifs (inventés ou projetés). Il utilise également la carte comme un outil pour comparer, mettre en regard des réalités. Il imagine, par exemple, la répartition des richesses sous forme de carte avec des plateaux d'extrême pauvreté, des îlots de richesse qui représentent les principaux milliardaires, des zones côtières qui représentent des populations qui jouissent de tout le confort nécessaire offert par la modernité et la technologie, confort qui s'amenuise à mesure que l'on remonte dans les terres et que l'on se rapproche des 9 % de personnes sur Terre vivant sous le seuil d'extrême pauvreté.

Le livre accorde la part belle à la fiction et aux œuvres classiques de science-fiction, auxquelles l'auteur fait régulièrement référence. Dans son avant-propos, il revient sur les principaux films et romans d'anticipation (souvent des dystopies) qui ont façonné nos imaginaires et nos perceptions du futur. Le livre est par ailleurs organisé en six grandes parties, en référence à la structure d'une pièce de théâtre, et chaque partie s'ouvre sur une citation tirée d'un ouvrage de fiction.

La première partie (« Scènes d'exposition ») revient sur des éléments de contexte qui pourraient façonner le territoire et nos façons de l'habiter dans les années à venir : le réchauffement climatique, la montée des eaux, les inégalités de développement.

La deuxième partie (« Le rôle principal ») revient sur les traces laissées par l'homme dans la nature. On y trouve, pêle-mêle, une réflexion sur la nécessité de disposer d'îlots vierges de présence humaine à l'instar de l'île Cocos au Costa Rica, une carte des chaleurs extrêmes et des mégafeux qui se sont développés depuis les années 2000, un état des lieux de la déforestation en Amazonie, une carte fictive de l'« Amasaônie » (Lyon) en 2124, une carte météo de la France et de ses zones habitables en 2224.

La troisième partie, « L'Épice », en référence à *Dune* de Frank Herbert [1] où l'épice est une ressource de la planète Arakis permettant, entre autres, de fournir le carburant pour les voyages interstellaires, s'intéresse aux ressources énergétiques et à leur exploitation passée, présente et future. On y trouve une carte de la répartition des métaux stratégiques, une carte fictive de l'hégémonie de l'Empire chinois sur le monde au XXIIe siècle, la description de la saison estivale au Groenland en 2224, la conquête de l'Antarctique par les derniers survivants des changements climatiques en 2424, l'auteur fait également un parallèle entre les zones irradiées par l'accident de Tchernobyl et la contamination du couloir rhodanien en 2124 par des accidents nucléaires en série qui pourraient être engendrés par la rupture des barrages alpins.

La quatrième partie (« Le décor ») cherche à décrire ce à quoi pourraient ressembler les villes et les villages du futur, en tenant compte de la pression démographique, de l'artificialisation des sols, de la montée des eaux, etc. L'auteur revient sur la submersion des Maldives, la multiplication des bidonvilles, la création des villes en plein désert en Arabie Saoudite. Il décrit la politique de transport fluvial dans un Paris submergé par les eaux en 2124, ainsi que la réouverture, après des années d'isolement, de l'accès à l'île de Manhattan, à New York,

1. Philadelphie : Chilton Books, 1965 (traduction française, Paris : Robert Laffont, 1970).

pour les touristes au printemps 2124.

La partie cinq (« Les lieux sur les chemins ») s'intéresse aux migrations et aux déplacements de population, avec un *focus* évident sur la Méditerranée et l'évolution des territoires qui l'entourent.

Enfin, la dernière partie de l'ouvrage (« *Happy end,* fin tragique ou *cliffhanger* ») pose la question de la capacité ou non de l'homme à se saisir de l'urgence climatique. Pour introduire cette partie, Julien Dupont fait un parallèle intéressant avec *Fondation,* le cycle de science-fiction écrit par Isaac Asimov dans les années 1950 [2]. Dans ces romans, grâce à la création d'une nouvelle science fondée sur les mathématiques et la psychologie, les hommes peuvent prédire les tendances futures et l'évolution de la société humaine. Ainsi, ils découvrent qu'une période de chaos d'au moins 10 millénaires est sur le point de commencer. Grâce à cette prédiction et à la mise en place d'une stratégie ambitieuse, les hommes arrivent à réduire cette période à un millénaire et mettent en place les conditions d'un redémarrage ultérieur de la civilisation. C'est en quelque sorte ce qui se passe aujourd'hui avec le climat : il faut se préparer au chaos tout en prenant les mesures nécessaires pour sauver ce qui peut l'être. Dans cette partie, on trouve un récit utopique sur l'avenir du continent africain en 2124, ou encore des fictions sur la glaciation qui pourrait toucher l'Europe à cette même période.

En dehors des cartes qui permettent une compréhension immédiate d'un phénomène, les textes qui les accompagnent sont très bien écrits et décrivent de façon à la fois brève et précise les transformations de notre monde. Les différentes parties du livre alternent entre récits fictifs et données scientifiques ; l'auteur n'hésite pas à comparer des situations passées à des situations probables dans l'avenir sur d'autres territoires et d'autres continents (*cf.* Tchernobyl et de potentielles catastrophes nucléaires dans la vallée du Rhône). Le fait de passer par la fiction, par la cartographie et par le territoire permet au lecteur de s'immerger dans un futur lointain. Alors que les horizons 2100 ou 2200 peuvent paraître trop éloignés pour se sentir réellement concerné, décrire le quotidien des populations à cette époque en faisant référence à des territoires existant aujourd'hui permet au lecteur de prendre conscience que nous sommes les ancêtres de générations qui pourraient vivre dans des conditions de confort et de survie beaucoup plus difficiles que les nôtres. Dans ce livre, l'auteur jongle avec les temporalités et a le mérite de rappeler qu'il faut intégrer le temps très long dans nos réflexions actuelles. Le format — des textes courts illustrés par une carte — permet une appropriation rapide par le lecteur. Un ouvrage original donc, prospectif et utile !

Laurie Grzesiak

2. ASIMOV Isaac, *Foundation,* New York : Gnome Press, 1951 (traduction française, *Cycle de Fondation,* Paris : Hachette / Gallimard, 1957).

TERTRAIS Bruno

Pax atomica ? Théorie, pratique et limites de la dissuasion

Paris : Odile Jacob, janvier 2024, 208 p.

Dans un contexte de graves tensions internationales dont l'invasion de l'Ukraine par la Russie, en février 2022, est à l'origine, le rôle de la dissuasion nucléaire est revenu à l'ordre du jour, l'utilisation de l'arme atomique ayant été évoquée notamment par Vladimir Poutine. Bruno Tertrais, directeur adjoint de la Fondation pour la recherche stratégique, en explicite les principes et pose la question : la bombe atomique permet-elle d'éviter de graves conflits ?

L'arme nucléaire n'a été utilisée que lors des bombardements d'Hiroshima et de Nagasaki en août 1945 (après l'essai réussi en juillet 1945 au Nouveau-Mexique), suivis de la capitulation du Japon [1]. Aujourd'hui, neuf États s'en sont dotés — États-Unis, Russie, Chine, Royaume-Uni, France, Israël, Inde, Pakistan, Corée du Nord — avec des variantes de la dissuasion, l'auteur en dénombrant sept, allant de la dissuasion générale et immédiate à la forme indirecte (les menaces visant les alliés d'un État). Il rappelle, dans son premier chapitre, que la dissuasion, en particulier nucléaire, est un processus psychologique : l'utilisation d'une menace grave contre un adversaire potentiel, supposé capable de rationalité pour mesurer l'importance des dégâts auxquels il s'expose. Elle est plus un art qu'une science et « relève davantage de la partie de poker que d'une partie d'échecs ». Elle repose sur des moyens crédibles (des armes, des vecteurs, des moyens de renseignement et de commandement) et sur la volonté affirmée de l'utiliser, mais avec un flou calculé afin que l'adversaire ne puisse pas évaluer les dommages auxquels il s'expose.

L'auteur consacre trois chapitres (sur une dizaine) à la traduction opérationnelle de la dissuasion et à ses dilemmes. Celle-ci a trois objectifs : préserver son territoire d'une attaque majeure non nucléaire, éviter l'emploi de l'arme nucléaire par un adversaire lors d'un conflit, protéger ses forces nucléaires d'une attaque surprise. Elle doit éviter une escalade incontrôlée, l'utilisation de l'arme atomique comme un simple instrument de combat n'étant plus envisagée. Deux écoles s'affrontent. La première donne la priorité à la manipulation du risque associé souvent à l'idée d'une destruction mutuellement assurée, la seconde envisage de disposer d'un arsenal diversifié

1. DUPUY Jean-Pierre, « L'énigme Oppenheimer », *Futuribles*, n° 458, janvier-février 2024, p. 45-51 ; voir aussi DUPUY Jean-Pierre, *La Guerre qui ne peut pas avoir lieu. Essai de métaphysique nucléaire*, Paris : Desclée de Brouwer, 2019.

d'armes offensives et défensives, la stabilité de la dissuasion étant difficile à atteindre. Il existe deux types d'armes : les bombes atomiques, plus simples, fonctionnant avec la fission ; la bombe à hydrogène, plus complexe, utilisant la fusion thermonucléaire (le tritium de la bombe n'étant pas stable). L'augmentation de la précision des armes permet d'en utiliser de moindre puissance (celles de l'ordre de la mégatonne de trinitrotoluène étant rares). La détermination des cibles, la planification des armes et de leurs vecteurs (des missiles), et de leurs porteurs, sont deux étapes clefs. De nombreux pays excluent le ciblage des populations ainsi que les centres de commandement (afin que l'adversaire contrôle ses armes). La protection des forces et leur disponibilité sont des facteurs déterminants, les sous-marins nucléaires lanceurs de missiles à tête nucléaire (SNLE) sont considérés comme le Saint-Graal de la dissuasion (la France en possède quatre).

La dissuasion nucléaire est un compromis entre deux exigences opposées — la fermeté dans la volonté de se défendre avec l'arme nucléaire et un flou sur les conditions de son utilisation — et elle pose deux questions fondamentales : est-elle éthique et légale ? Le droit international reconnaît certes à un pays le droit de se défendre, mais il interdit de viser des populations civiles (certains États nucléaires se l'interdisent en principe) ; le traité d'interdiction des armes nucléaires (entré en vigueur en 2021) n'impose aucune obligation juridique aux pays ne l'ayant pas signé qui en sont dotés. Certains experts estiment qu'un recours au nucléaire en réponse à une attaque non nucléaire serait immoral.

L'auteur s'efforce de répondre à une question importante : la dissuasion a-t-elle fonctionné ? Il faut certes éviter un récit simplificateur, souvent entendu en France, « l'arme nucléaire empêche la guerre ». Il est vrai que depuis 1945, il n'y a pas eu de conflit entre les grandes puissances, mais des guerres localisées, notamment entre l'Inde et le Pakistan, cette période de longue paix n'étant pas exceptionnelle dans l'Histoire. La création des Communautés européennes, dans les années 1950, aurait probablement été plus difficile sans la protection de l'Europe par le parapluie nucléaire américain. Il est vrai que la planète a été à deux doigts de la catastrophe nucléaire lors d'une vingtaine de crises recensées par l'auteur : utilisation envisagée de l'arme atomique lors du conflit coréen, mauvaises interprétations de mouvements de troupes ou de signaux de détection de missiles, etc. Celle de Cuba, en 1962, fut la plus sérieuse : l'URSS voulait installer des missiles dans l'île ; le commandant de l'un de ses sous-marins, contraint à faire surface dans la mer des Caraïbes — son équipage manquant d'oxygène —, se croyant alors menacé par des navires américains, ordonna de lancer une torpille nucléaire mais deux de ses officiers s'y seraient opposés…

Les historiens et les politologues estiment finalement qu'il ne faut certes pas donner le prix Nobel de la paix à la « bombe atomique », mais, selon l'auteur, la dissuasion nucléaire a été la clef de la paix entre les grandes puissances et il s'interroge : restera-t-elle efficace ? Elle a montré sa « robustesse » en dépit des déclarations belliqueuses de certains chefs d'État (Donald Trump, Vladimir Poutine, Kim Jong-un) ; aucun n'a donné l'impression qu'il appuierait sur le bouton nucléaire, mais qu'en sera-t-il à l'avenir avec neuf pays dotés de l'arme nucléaire ? Ne risque-t-elle pas de devenir un jeu de poker au lieu d'un jeu d'échecs, voire au pire un « jeu de roulette russe » ? Si la détection des SNLE en patrouille est difficile, la plus grande efficacité de la défense antimissile rend plus complexe le calcul de l'efficacité du couple offense / défense.

Toutefois, estime l'auteur, la dissuasion reste un pari raisonnable mais risqué, car la rationalité a des limites : un dirigeant peut perdre le sens de la réalité ou avoir la propension à prendre des risques (Staline a soutenu la Corée du Nord) ou, par fanatisme religieux, ne pas craindre une apocalypse « rédemptrice », etc. Mais la crainte d'un État de subir un échec militaire qui mettrait en jeu son existence est probablement le risque le plus important d'engagement de l'arme nucléaire (quelle serait l'attitude de la Russie en cas d'un échec sévère en Ukraine ?). L'auteur envisage plusieurs scénarios de guerre sino-américaine, lors d'un conflit à Taiwan. Les États-Unis pourraient, en cas d'invasion de l'île, attaquer le potentiel militaire chinois, notamment nucléaire, et la Chine riposterait en attaquant, avec des missiles nucléaires, les bases américaines dans le Pacifique, ce « Pearl Harbor nucléaire » déclenchant alors une guerre nucléaire dont personne ne peut prévoir l'issue, la planète serait alors dans un « trou noir ».

L'auteur évalue, dans son dernier chapitre, l'impact politique des armes nucléaires. Elles contribuent certainement à réhausser la souveraineté d'un pays dans l'arène internationale en lui donnant plus d'autonomie, c'est le cas de la France et de l'Inde, l'arsenal nucléaire américain confortant également le rôle de l'Alliance atlantique comme le montre le conflit ukrainien. Évoquant la relation entre démocratie et dissuasion, il estime qu'un État démocratique doté du pouvoir nucléaire a « une obligation de retenue » avec un « comportement nucléaire responsable ». Bruno Tertrais conclut que les avantages des armes nucléaires sont supérieurs à leurs inconvénients, mais la dissuasion étant imparfaite, leur prolifération doit être limitée comme le prévoit le Traité sur la non-prolifération des armes nucléaires. Il cite Winston Churchill qui affirmait qu'il ne faudrait pas lâcher l'arme atomique sans s'être assuré auparavant qu'il n'y a pas d'autres moyens pour préserver la paix.

Publié à un moment où la guerre en Ukraine laisse craindre une escalade nucléaire, ce livre est le bienvenu car il décrit très clairement les principes de la dissuasion nucléaire et en évalue objectivement les risques. On regrettera toutefois que l'auteur ne rappelle pas les principes de la doctrine nucléaire de la France et ses moyens. Cette réserve faite, tous ceux qui s'intéressent à la politique internationale le liront avec le plus grand intérêt. ■

Pierre Papon

BERGER Laurent / VIARD Jean

Pour une société du compromis

La Tour d'Aigues : L'Aube, avril 2024, 118 p.

Voici un « appel au compromis » qui vient à point nommé, en un temps où les outrances, la radicalité et les propos haineux dominent les scènes médiatique et politique. Les deux auteurs s'appuient sur leur champ d'expertise respectif (la vie des entreprises, le syndicalisme, les pratiques sociales, le monde des idées) pour nous décrire une France bien plus positive et solide que celle que nous présentent les récits politiques. Une France où « les gens aiment leur entreprise, et aiment leur famille et leur jardin », et où ils sont plus demandeurs de stabilité, d'écoute et de considération que de révolutions, fussent-elles « coperniciennes ». Une France où les jeunes ne sont pas « devenus paresseux et rétifs à toute forme d'effort » mais « attendent davantage en matière de réalisation de soi, de leur travail ».

Parmi les raisons qui ont poussé notre société à se polariser vers les extrêmes, certaines sont bien connues — l'excessive verticalité du pouvoir politique, l'enchaînement des crises sanitaires, géopolitiques et économiques, ou le rôle toxique des réseaux sociaux. D'autres le sont moins, comme les effets déstabilisants d'une « discontinuité », qui concerne aussi bien la vie professionnelle que la vie affective et familiale ; ou le télescopage, inédit dans l'histoire économique, de deux révolutions industrielles, l'une écologique et l'autre numérique.

Les auteurs pointent aussi, pour la France, l'aveuglement idéologique d'une gauche politique qui « n'aimant pas les entreprises, a fini par haïr le travail ». Or, non seulement le travail reste un des champs les plus structurants de la vie en société, mais l'entreprise est le « lieu où le compromis est mieux accepté que dans d'autres sphères de la société ».

Ils dénoncent enfin le « poids (écrasant) du parisianisme » qui a conduit le pouvoir politique à se couper des préoccupations de la France des territoires. C'est ainsi que certains « écologistes très diplômés et très informés » se sont coupés des agriculteurs qui occupent 53 % du territoire national et sans lesquels aucune transition écologique ne sera possible.

La construction d'une nécessaire culture du compromis ne devra pas seulement s'appuyer sur des réformes institutionnelles (plus de subsidiarité). Elle relève plutôt d'un processus de « recivilisation » qui viendrait inverser celui de « décivilisation » aujourd'hui à l'œuvre, au moins dans le monde politique. Fidèle disciple d'Edgar Morin, Jean Viard plaide pour une « civilisation de l'individu écologique, celle d'un nouveau rapport à la nature, rapport de respect et de mesure, mais aussi rapport charnel retrouvé ».

La transversalité des approches, la finesse des analyses, la liberté de ton des auteurs et leur sens de la formule sont les qualités premières de ce livre, à la fois lucide et tonique ; un livre qui fera certainement grincer quelques dents dans les états-majors des partis politiques, toutes tendances confondues.

Puisse-t-il surtout servir de repère pour aider les responsables de bonne volonté à construire une « culture du compromis » assurément plus adaptée aux défis du temps présent que la tradition politique française, à la fois monarchique, jacobine et révolutionnaire. La complexité de ces défis appelle en effet des réponses fines, décentralisées et construites sur des compromis, plutôt que la projection d'idées simples ou radicales. ■

Jean Haëntjens

futuribles
N° 462 • September-October 2024

What Course for U.S. Foreign Policy after the 2024 Presidential Elections?

Laurent Cohen-Tanugi

As we put the final touches to this issue of *Futuribles,* U.S. president Joe Biden has just handed over to his vice-president Kamala Harris to lead the Democratic ticket against ex-president Donald Trump in the election of 5 November 2024. The aim, quite obviously, is to have the best possible chance of preventing that populist former president from returning to the leadership of a state whose institutions he flouted four years ago. Without second-guessing the outcome of the vote, what can we say about the foreign policy the United States might pursue after the election?

Laurent Cohen-Tanugi, a barrister in Paris and New York and a seasoned analyst of institutions on both sides of the Atlantic, lays out — not without reminding us of the current uncertainties — the foreign policy differences between the two candidates in a particularly fraught geopolitical context (war in Ukraine, conflict in the Middle East, and tensions with China). Drawing mainly on the known positions of their respective advisers and Donald Trump's animosity to Europe, he shows how the latter could damage transatlantic relations and the international order, as he concentrates more on protecting American interests and on tensions with China. This possible weakening of ties with Europe ought, as the author sees it, to prompt the continent to take a renewed grip on its security and defence, and increase its influence on the international stage.

Demographic Perspectives in the USA

Ageing, Ethnic Diversification and Migratory Dynamics

William H. Frey

In Spring 2023, the U.S. Census Bureau, which is responsible for demographic statistics in the United States, published new data arising out of the 2020 census, followed in late 2023 by new projections for the American population that confirmed a number of trends already highlighted in these columns. William Frey of the Brookings Institution outlines the main lessons to be drawn from this new data. He points out, for example, how demographic ageing is continuing to progress in the USA, together with significant intergenerational racial gaps. He also analyses the projections made for the period to 2100, which clearly show the crucial role played by immigration in maintaining American demographic vitality. He stresses particularly that, whichever migration scenario one assumes (including zero immigration), ethnic diversification will continue and the white proportion of the population will continue to decline. As Frey sees it, these projections show how vital continued international migration towards the USA is for the country's growth and for enabling it to offset the ageing of its population.

Economic Prospects for the United States

The Inflation Reduction Act: What Knock-on Effects?

Antoine Bouët

Whereas the European Union is only now putting in place an economic security strategy to cope with the vagaries of a turbulent international context, the United States wasted no time in protecting its economy. Since 2022 and the adoption of the Inflation Reduction Act (IRA), the American administration has been supporting its domestic economy through measures targeted at both consumers and businesses — measures which, as some commentators see it, attest to quite a protectionist turn. What is going on here? What do these measures consist in and what might their impact be on the world's leading economic power?

Two months out from the U.S. presidential election, which has the spectre of a returning Donald Trump hovering over it, Antoine Bouët examines the complex mechanics of the U.S. economic support package implemented by Joe Biden. He analyses the impacts on investment and on combatting climate change, both in macroeconomic and environmental terms, distinguishing between the part they have actually played and the mere 'deadweight' effects. Lastly, and more broadly, he looks at the economic prospects for the country at the global level, particularly if a return to power of Donald Trump entails increased protectionism: two scenarios modelled by the CEPII provide an insight into the consequences of such a return. As Bouët shows in that exercise, measures like the IRA have only a relatively minor macroeconomic impact by comparison with the risks that would ensue from a 'Trumpist' revival of protectionism.

Are we Moving towards Chinese Leadership in the Automotive Sector?

Chinese Vehicle Manufacturers Battling for the Global Market

Antoine Le Bec

As part of its campaign against climate change, the European Union has rolled out an ambitious energy transition policy. Ending the sale of new thermal vehicles from 2035 onwards is a major plank of that policy, the plan being to phase them out in favour of electric vehicles (EVs). European vehicle manufacturers have embarked vigorously on this conversion, but China has a head start and has been widely criticized internationally for engaging in unfair competition in this market. Like Europe, the USA is tightening its customs regime to counterbalance the Chinese vehicle-builders' offensive, but how do things really stand with the EV market? What is the strategy of the Chinese manufacturers and Beijing's industrial and commercial policy in that market? And is this industrial/commercial offensive genuinely troubling for European constructors? Is it not good news for ecological transition?

Antoine Le Bec looks in detail here at how China entered the EV market to meet its domestic demand and reduce its emissions, while supporting its national automotive companies, then went on to develop a dynamic export strategy. He examines the figures, putting into perspective the relatively low proportion of intercontinental trade in cars, particularly in Europe. However, he draws attention to the widening of Chinese strategy to the whole of the EV value chain (minerals, batteries etc.) and the investments made to that end, and examines the strategies adopted by non-Chinese vehicle manufacturers in response. Lastly, he suggests three possible paths of development for trade relations in the automotive sector in the years to 2035.

What Objectives Should the French Education System Pursue?

Fabien Truong, interviewed by Jean-Pierre Bellier and Hugues de Jouvenel

The French education system stands accused of every imaginable evil: condemned for its mediocre performance in international league tables, it is also blamed for failing to remedy the inequalities associated with pupils' social origins or for misconceiving its essential objectives, and the teachers themselves are accused of failing in their duties. However, says Fabien Truong, there never was a golden age of social mobility in France and studies on the subject are not comparable over the long run because of population change. The new fact since the 1960s is that children from low-income backgrounds entering school are much more numerous and much more diverse (with parents who have little or no schooling) and possess less cultural capital. Some of them do, however, succeed and climb the social ladder, while others fail to do so, mainly for want of better support structures. Hence, we see some leave — and break free of — the inner cities, while the most deprived populations continue to cluster there.

If the level is falling — always assuming that it is being correctly measured — it is because we are comparing a small number of privileged students with a large number from more diverse social backgrounds, who really ought to receive more attention and resources if they are to avoid academic failure and social exclusion. But that would involve teaching staff being able to spend more time listening to and understanding them; paying attention to their personal development and not simply to their acquisition of academic knowledge; and developing their life skills and promoting harmonious coexistence, without forcing everyone to follow the same path. In substance, education in France would have to be recognized as a national priority.

Sadi Carnot and Joseph Fourier, Visionaries of the Industrial Revolution

Pierre Papon

The Industrial Revolution, which began at the end of the 18th century — thanks, among other things to the steam engine and the subsequent development of rail transport — triggered a period of intense technical development. This has continued into our own day, though its impact on the environment and climate is now tending to check its progress. In this 'Future of Yesteryear' feature, Pierre Papon, a physicist by training, highlights two French scientists, Sadi Carnot and Joseph Fourier, some of whose relatively unknown works have since proved entirely visionary about the future drivers of the Industrial Revolution (*e.g.* the steam engine and the combustion engine), but also about the way our planet's climate reacts to the laws of heat and hence the impact human activities such as industry might have on it. Pierre Papon presents these works here and shows, most informatively, how very prescient they were in terms of the understanding of the laws of energy and thermodynamics.

The Accession of Ukraine and Moldavia

Opening Negotiations on Membership of the European Union

Jean-François Drevet

After a boom period that saw a series of candidacies for joining the European Union and, subsequently, a string of actual accessions, European territory has not expanded since 2013 and the effective entry of Croatia into the Union. It even diminished with the UK's 'Brexit' in 2020. However, the return of war to the Old Continent has revived the desire for EU membership in a number of countries directly or indirectly threatened by Russia. We have seen this with Ukraine, which has been able to present its candidacy more rapidly than expected and whose accession negotiations began officially in June 2024, alongside those of Moldavia. And it should not be long before Georgia joins them. Admittedly, as Jean-François Drevet reminds us here, the EU has over time demonstrated its capacity to keep the peace on a continent battered by centuries of conflict, and also to stimulate the socio-economic development of its member states. However, when it comes to new candidacies, two difficulties arise: the imperative need to respect the accession criteria regarding democratic values and the question of the Union's continuing capacity to maintain peace and security in the context of the return of war and a relatively disengaged Atlantic Alliance. On this last point — the security strand — it is not easy to see how the EU could reverse the dynamic in the short or medium term.

Futuribles is a bimonthly independent transdisciplinary policy oriented journal (6 issues a year), also available in electronic form on the Futuribles website.
Its objective is to provide its readers with a better understanding of contemporary societies dynamics, those facts, ideas and trends shaping their medium and long term possible futures.

Chief Editor: Hugues de Jouvenel

Futuribles • 47, rue de Babylone, 75007 Paris, France • Tel. +33 (0)1 53 63 37 70
E-mail revue@futuribles.com • Website https://www.futuribles.com/en/